L'OHADA EN MARCHE

ASSOCIATION CONGOLAISE DU DROIT MARITIME

L'OHADA EN MARCHE

Actes du colloque international organisé à Brazzaville et Pointe-Noire (République du Congo) du 24 au 26 février 2020

L'Harmattan

Du même auteur

Le Code communautaire CEMAC de la marine marchande de 2012 (sous la direction de Eric DIBAS-FRANCK), éditions L'Harmattan collection Affaires maritimes et Transports, 2018.

5-7, rue de l'École-Polytechnique – 75005 Paris

www.editions-harmattan.fr

ISBN : 978-2-343-21134-3
EAN : 9782343211343

SOMMAIRE

LE CLIN D'ŒIL DU PRESIDENT

Eric DIBAS-FRANCK
Président de l'ACODM

Créée en 2015, l'association congolaise du droit maritime a cinq ans. Tous les ans, elle organise un colloque international. En 2018, elle a publié aux éditions L'Harmattan à Paris les actes du colloque intitulé *le code communautaire CEMAC de la marine marchande de 2012*. Depuis, notre association a pour ambition de publier les actes de ses différents colloques.

La présente publication est consacrée à *l'OHADA en marche*. L'ACODM (l'association congolaise du droit maritime), l'association Henri Capitant, l'institut de droit comparé de Paris et la faculté de droit de l'université Marien Ngouabi ont organisé un colloque international du 24 au 26 février 2020 sur ce thème. Il nous a semblé judicieux de rassembler et diffuser les textes des conférences dans le cadre de nos publications.

L'OHADA est un chantier très vaste. Tellement vaste que nous n'avons pas choisi de limiter notre champ d'investigation…Toutefois, nous avons cédé à la tentation de nous poser la question de savoir si, plus d'un quart de siècle après sa création l'organisation pour l'harmonisation du droit des affaires en Afrique (OHADA) est véritablement en marche ?

On laissera au lecteur le soin de se faire sa propre opinion.

Pour notre part, nous sommes heureux d'avoir réussi le pari du colloque ; mais aussi d'avoir modestement contribué à l'aboutissement de cet ouvrage. C'est donc l'occasion de remercier toutes les personnes qui ont apporté leur pierre à sa construction. Nous pensons évidemment aux partenaires du colloque et aux auteurs.

Nous espérons que ce deuxième ouvrage de notre association bénéficiera d'un bel accueil auprès de ses lecteurs.

Bon vent à tous !

ALLOCUTION DE BIENVENUE

par le professeur Jean-Maurille OUAMBA

Vice-Recteur chargé des Affaires Académiques de l'Université Marien Ngouabi

- Monsieur le Ministre de l'Enseignement Supérieur ;

- Mesdames et Messieurs les Membres du Gouvernement de la République ;

- Mesdames et Messieurs les Représentants du Corps Diplomatique ;
- Monsieur le Conseiller Spécial du Chef de l'État, Chef du Département de l'Éducation et de la Recherche Scientifique et Technique ;

- Monsieur le Conseiller du 1er Ministre chargé de l'Éducation, de la Recherche et de l'Innovation ;

- Monsieur le Directeur de cabinet du Ministre de l'Enseignement Supérieur ;

- Monsieur le Secrétaire Général de l'UMNG ;

- Messieurs les Chefs d'Etablissements de l'UMNG ;

- Messieurs les Vice-Doyens et Directeurs-Adjoints de l'UMNG ;

- Madame et Messieurs les Directeurs Généraux auprès du Ministère de l'Enseignement Supérieur ;

- Mesdames et Messieurs les Directeurs centraux de l'UMNG ;

- Éminents universitaires et professionnels de l'OHADA ;

- Mesdames et Messieurs Tous grade et titre, qualité et protocole, respectés ;

- **Chères étudiantes et chers étudiants ;** C'est pour nous un réel plaisir de prendre la parole devant vous, au nom de Monsieur le Recteur de l'Université Marien Ngouabi, à l'occasion du colloque sur le thème « L'OHADA EN MARCHE », co-organisé par la Faculté de Droit de l'Université Marien Ngouabi, l'Association Henri Capitant, l'Institut de Droit comparé de Paris et l'Association Congolaise de Droit maritime. Notre démarche naturelle de non-spécialiste qui se prépare à prononcer un mot à cette cérémonie, a été de glaner quelques informations sur l'organisation et la structure de l'Institution au centre de l'activité. Nous avons découvert, *mieux vaut tard que jamais*, que l'Organisation pour l'harmonisation en Afrique du droit des affaires (en sigle OHADA) est créée par le Traité de Port-Louis du 17 octobre 1993 (révisé le 17 octobre 2008 à Québec-Canada). ***Presque 27 ans déjà.***

Cette organisation internationale de plein exercice, inter-gouvernementale, dotée d'une personnalité juridique internationale, poursuit une œuvre d'intégration juridique entre les 17 Etats africains membres qui la composent.

Elle vise trois missions spécifiques :

- l'adoption de règles juridiques communes, modernes, simples et adaptées à l'environnement économique internationale et de ses États membres, et la formation adéquate des personnels juridiques et judiciaires ;

- la promotion d'une justice diligente, indépendante et soutenue par des procédures appropriées ;

- l'encouragement au recours à l'arbitrage et aux autres modes de règlement amiable des différends

Les Instances au niveau régional en sont :

- la Conférence des Chefs d'Etat et de Gouvernement ;

- le Conseil des Ministres ;

- le Secrétariat Permanent ;

- la Cour Commune de Justice et d'Arbitrage ;

- l'Ecole Régionale Supérieure de la Magistrature ;

- et au niveau des États membres, les Commissions Nationales OHADA qui en constituent les points focaux. Cette organisation s'appuie sur trois textes de référence : le traité OHADA, les Actes Uniformes, les Règlements et Décisions. Nous mesurons l'importance et le sérieux d'une telle organisation pour l'intégration continentale. Le présent colloque se fixe comme objectifs de présenter et d'échanger sur l'état actuel et les avancées envisagées. Nous félicitons les organisateurs de ce colloque. La participation à ce colloque d'éminents universitaires et professionnels de divers horizons, particulièrement du Congo et de France, et de nos étudiants en droit, augure du bon déroulement de vos travaux et sans nul doute de la réussite de ce colloque. L'Université Marien Ngouabi est heureuse de vous accueillir dans cette salle de conférences du Rectorat. C'est avec plein d'optimisme pour le continent que nous souhaitons pleins succès au colloque sur le Droit OHADA. Nous vous remercions.

ALLOCUTION DE CIRCONSTANCE

par Eric DIBAS-FRANCK
Président de l'association congolaise du droit maritime
Chargé d'enseignement à la faculté de droit de
l'université Marien Ngouabi, Arbitre Ohada.

Messieurs les Ministres,
Mesdames, Messieurs,
Distingués invités,

Je tiens tout d'abord à vous dire quel plaisir quel plaisir j'ai à vous accueillir tous aussi nombreux. Pour ceux d'entre vous qui ne le savent pas, l'Association Congolaise du Droit Maritime que j'ai l'honneur de présider a été créée, il y a un peu plus de cinq ans. Depuis le mois de décembre 2018, elle est membre du Comité Maritime international (CMI). Elle est une association qui a pour objet l'étude des questions de droit maritime et des activités connexes avec pour ambition, tant au Congo qu'au plan international, de concourir au développement et à la promotion desdites activités, notamment scientifique, l'organisation et la participation à des conférences.
Notre association organise chaque année un colloque international. L'année dernière à Brazzaville et à Pointe-Noire, auparavant à Pointe-Noire et j'en passe. Et nous avions toujours à l'idée qu'il fallait faire un grand colloque sur l'OHADA à Brazzaville. C'était notamment également le vif souhait de nos amis de l'association Henri Capitant et de l'Institut de Droit comparé de Paris. Nous attendions de disposer d'un beau sujet et du temps. Nous l'avons trouvé et sommes donc, particulièrement, heureux aujourd'hui de dire quelques mots à l'ouverture de ce colloque.

Monsieur le Ministre de l'enseignement supérieur,
Le 19 avril 2018, à l'occasion de l'audience que vous aviez bien voulu accorder à un maritimiste de renommée internationale et à laquelle je prenais part, vous m'instruisiez nonobstant ma qualité d'enseignement vacataire depuis 2004, d'apporter dans la mesure du possible, ma pierre à la formation de nos étudiants.

Je veux vous rendre compte, Monsieur le Ministre, que votre instruction qui résonne encore en moi est mise en œuvre. Et ce colloque qui souffre ce jour en est un des témoignages éloquents. Merci d'avoir accepté, sans détour, de rehausser de votre présence à cette cérémonie et d'ouvrir les travaux.
Je voudrais bien sûr, remercier l'Université Marien Ngouabi, particulièrement la Faculté de Droit d'avoir accepté d'être partenaire de l'organisation de ce colloque et de nous accueillir en grand nombre dans ce magnifique auditorium de Rectorat.
Je remercie également nos prestigieux intervenants. Ils ont pris sur leur temps précieux et pour certains sont venus de fort loin, d'autres continents. Ils ont même, pour certains bravé les réticences du moment à voyager. Heureusement ils sont là.
On note parmi les intervenants Monsieur le Premier président de notre Cour suprême. Et j'observe qu'il a choisi de nous entretenir sur une question de grande importance et de constante actualité, à savoir les rapports entre les juridictions suprêmes nationales et la CCJA. On est curieux de savoir quels sont les ombres et les lumières qu'il nous apportera. Je tiens ici et maintenant à lui témoigner de notre profonde gratitude.
Je remercie, tout particulièrement, deux collègues et amis avec lesquels ce colloque a été conçu et mis en œuvre. Cyril Grimaldi, professeur à l'Université de Paris XIII, Secrétaire général de l'association Henri Capitant et codirecteur scientifique du diplôme interuniversitaire Paris II et Paris XIII juriste OHADA et qui a accepté que je sois son binôme dans le cadre de l'enseignement de la première partie du cours de droit commercial général OHADA que nous venons de dispenser à Paris, courant janvier 2020.
Et puis bien sûr mes pensées s'adressent à Madame Marie Goré, professeure à l'Université de Paris II Panthéon-Assas, Directrice de l'institut de droit comparé de Paris et codirectrice scientifique du diplôme interuniversitaire juriste OHADA.

Madame le Professeur,
La participation de votre institut à cette manifestation scientifique traduit - sans aucun doute - l'intérêt d'un partenariat entre notre association et votre institut.

J'ai également le plaisir de rendre hommage à deux équipes organisatrices de ce colloque, d'une part l'équipe de la Faculté de Droit pour son implication dans la réussite de ce colloque. Et d'autre part, l'équipe de l'association congolaise du droit maritime à Pointe-Noire. Autant dire que ceux qui connaissent notre association et ses effectifs, l'ont compris, tous ces remerciements vont à toute l'équipe sans exclusive. Qu'elle soit fière du succès de cette réunion et qu'elle en soit chaleureusement remerciée.
Ainsi nous voilà tous réunis à Brazzaville pour participer à l'un des grands événements de l'OHADA en ce début d'année. L'un de mes jeunes collègues me faisait remarquer que pour sa jeune génération c'était un événement remarquable. La marche de l'OHADA est un événement qui assurément ne peut laisser indifférent. C'est pour lui, pour eux, pour sa génération une grande première. Je dois avouer que pour ma génération et je ne suis pas seul, nous avons déjà connu plusieurs précédents, puisque nous avons assisté dès la naissance de l'OHADA en 1993 à un chapelet de colloques. Et certains se souviennent que Brazzaville a souvent été le carrefour de grandes rencontres en droit OHADA.
En 1993, nous saisissons les premiers Actes uniformes de l'OHADA à leur éclosion. Comme vous le savez, l'OHADA existe depuis plus de 26 ans. Son importance est évidente, votre présence d'ailleurs en témoigne. Depuis sa construction, ses initiateurs n'ont jamais baissé les bras. L'ouvrage est régulièrement mis sur le métier.

La question qui se pose aujourd'hui bien sûr, question de brûlante actualité, est de savoir si 26 ans après a création, l'OHADA est véritablement en marche.
L'objet de ces trois journées de réunions est triple. Tout d'abord dans cette première journée nous allons explorer, analyser, éclairer peut-être la procédure devant la CCJA, poser un regard sur elle mais aussi faire un bilan de ses décisions. Une comparaison avec la procédure menée devant la plus haute juridiction française ne peut être que la bienvenue. Ce sera l'objet de notre première journée de travail qui se conclura par la cérémonie de mise en place du groupe Congo de l'association Henri Capitant.

Ensuite la deuxième journée sera consacrée aux problèmes d'actualité, aux problèmes brûlants qui se posent dans notre environnement tels que le local content. On se posera également la question de savoir si un Acte uniforme sur le Droit de la franchise verra le jour prochainement et quelle est la situation du mandataire.

Avant de clore cette seconde journée, nous jouerons un peu au danseur de tango, c'est à dire un pas en avant, un pas en arrière et nous saurons si dans le cas du pourvoi mixte la CCJA en fait trop.
Puis la troisième et dernière journée qui aura lieu à Pointe-Noire, sera l'occasion de sensibiliser les uns et les autres sur la médiation ainsi que les pratiques de l'arbitrage à la CCJA.
Pour cela, tout le monde, les professionnels doivent se familiariser à ces techniques au moment où le centre de médiation et d'arbitrage du Congo (CEMACO) tente de prendre son envol. Nous espérons qu'au terme de nos échanges, de nos confrontations certains obstacles seront levés et que tout le monde sera convaincu que l'OHADA est en marche.
Je vous remercie.

ALLOCUTION D'OUVERTURE

par Bruno Jean-Richard ITOUA
Ministre de l'enseignement supérieur

Monsieur le Ministre de l'enseignement primaire, secondaire et de l'alphabétisation, cher collègue,
Monsieur le Recteur de l'Université Marien Ngouabi
Monsieur le Vice-Recteur chargé des affaires académiques de l'Université Marien Ngouabi
Monsieur le Secrétaire général de l'Université Marien Ngouabi ;
Mesdames et messieurs les membres du cabinet du ministre de l'enseignement supérieur,
Messieurs les Chefs d'Etablissements de l'Université Marien Ngouabi
Messieurs les vice-doyens et directeurs-adjoints de l'Université Marien Ngouabi
Mesdames, Messieurs les Directeurs centraux de l'Université Marien Ngouabi
Distingués invités en vos rangs, grades et qualités respectés,
Mesdames et messieurs,
Chers étudiants.

Avant tout propos, je voudrais remercier les organisateurs de ce colloque, qui m'ont fait l'honneur de présider la cérémonie d'ouverture de cette importante rencontre, consacrée à une institution d'intégration continentale, en l'occurrence, **l'Organisation pour l'harmonisation en Afrique du Droit des Affaires**, plus connue sous le sigle **OHADA.** C'est avec une joie immense que je salue la tenue dudit colloque qui met en relief et donne la visibilité à la Faculté de Droit de l'Université Marien Ngouabi, coorganisateur de la rencontre, qui a pour thème général ***« l'OHADA en Marche ».***

Permettez-moi de souhaiter ensuite la bienvenue aux éminents conférenciers qui ont fait le déplacement de Brazzaville et rehaussé de leur présence, l'éclat de cette activité.

Distingués invités,
Mesdames et messieurs,
Instituée par le Traité de Port-Louis du 17 octobre 1993, puis révisée en 2008, l'OHADA résulte de la volonté clairement exprimée des Chefs d'Etats francophones parmi lesquels notre pays le Congo, qui s'étaient fixés entre autres objectifs : d'unir leurs efforts et de mutualiser leurs ressources afin de créer un espace géographique caractérisé par une réglementation unique et moderne, applicable aux opérations économiques mais aussi créer un vaste marché intégré afin de faire de l'Afrique un Pôle de développement de la même nature.
L'OHADA, processus d'harmonisation juridique mais également outil de rapprochement entre les peuples, est aujourd'hui une réalité fortement ancrée dans notre espace juridique, judiciaire et économique.
Pour ma part, je n'insisterai pas sur le traité OHADA et les Etats signataires, ni sur son incidence sur les normes juridiques car des voix plus expertes l'ont fait avant moi, notamment lors de la tenue de l'assemblée plénière des commissions nationales OHADA en 2016 à Brazzaville.
Le Congo, membre fondateur de l'OHADA, sur lequel les organisateurs ont porté leur choix pour abriter le présent colloque scientifique est ainsi honoré et plus particulièrement la communauté scientifique, notamment celle de notre alma mater l'université Marien Ngouabi.
Cet honneur se conjugue, pour notre pays, avec la ferme volonté SEM Denis SASSOU NGUESSO dont le leitmotiv est plus que jamais de fournir au Congo des ressources humaines de qualité dans tous les domaines de la vie nationale à travers de bonnes initiatives comme celles de ce jour.
Le philosophe et essayiste ALAIN (1868-1951) ne déclarait-il pas que « **Les rencontres font les affaires, et l'action court devant la pensée** ».

Distingués invités,
Mesdames et messieurs,
Le bonheur et la joie que nous procure la réalité de l'existence de l'espace OHADA ne doivent cependant pas nous épargner d'en apprécier le fonctionnement afin de proposer éventuellement les correctifs nécessaires. Cela impose de la part des différents acteurs, d'incessants efforts d'appropriation des dispositifs générés par ce droit uniforme africain avant de tirer les enseignements qui résultent de leur mise en œuvre.
Cette exigence, incontournable pour les professionnels du droit, confrontés au quotidien dans l'exercice de leurs fonctions à l'application de ce droit, s'impose également au monde universitaire, enseignants chercheurs comme aux étudiants appelés à s'arrimer à la dynamique du renforcement permanent des capacités.
Le colloque qui s'ouvre ce jour s'inscrit donc dans le respect de cet impératif et constitue par conséquent un élément important de la prise en compte de la dimension formation qui est l'une des missions de l'OHADA.
C'est ici l'occasion de féliciter la Faculté de Droit de l'Université Marien Ngouabi, l'Association congolaise du Droit maritime, l'Institut de Droit comparé de Paris et l'Association Henri Capitant pour l'heureuse initiative qu'ils ont prise d'organiser ce Colloque sur le thème général combien édifiant intitulé, L'OHADA EN MARCHE.

Distingués invités,
Mesdames et messieurs,
Au regard de la qualité des communicateurs, de la pertinence des thèmes retenus et du niveau des participants, je ne doute pas un seul instant que les travaux qui s'ouvrent ce jour vont contribuer à enrichir les nécessaires réflexions sur cette précieuse institution et à apporter une meilleure connaissance de l'OHADA par les universitaires, les professionnels de droit et tous les praticiens en général.
Permettez, à ce stade, de partager avec vous cette citation : **« On ne juge sainement des affaires que quand on les compare toutes ensemble, et qu'on les place toutes dans un certain ordre, afin**

qu'elles aient de la suite et de la proportion. Manquer à cette règle, c'est ressembler à un musicien qui se contenterait de trouver des sons harmonieux, et qui ne se mettrait point en peine de les unir et de les accorder pour en composer une musique douce et touchante ». Citation de Fénelon (1699).

Distingués invités,
Tout en me félicitant une fois de plus de votre présence et de votre implication dans les différentes activités programmées, et en formulant les vœux de pleins succès à vos travaux,
Je déclare ouvert le Colloque : Droit OHADA avec comme thème général : L'OHADA EN MARCHE.
Je vous remercie.

REGARDS CROISES ENTRE LA CCJA ET LES JURIDICTIONS SUPREMES NATIONALES

par Henri BOUKA
Premier Président de la Cour suprême du Congo

Mesdames et messieurs,

Propos introductif :

L'avènement dans le dispositif juridique congolais du droit issu du Traité du 17 octobre 1993 relatif à l'Harmonisation du droit des affaires en Afrique a libéré les cours et tribunaux du Congo des tribulations et errements que l'on pouvait déplorer à l'occasion du jugement des affaires de nature commerciale ;

En effet, avant l'entrée en vigueur des règles constituant le droit communautaire relatif à l'harmonisation du droit des affaires en Afrique telles que contenues dans les Actes uniformes, les cours et tribunaux du Congo appliquaient, aux différents cas d'espèce dont ils étaient saisis, tantôt les dispositions contenues dans la loi française du 24 juillet 1867 sur les sociétés commerciales, tantôt encore celles contenues dans la loi n°66-537 du 24 juillet 1966 et tantôt enfin, quelques fragments de règles contenues dans les textes de droit interne en matière de commerce ; je pense en particulier à la loi n°25-94 du 23 août 1994 règlementant l'exercice du commerce au Congo ;

Comme chacun peut l'imaginer, l'application de la loi du 24 juillet 1867 pouvait être considérée comme justifiée par le principe de la succession d'Etat. En effet, au moment de l'accession à l'indépendance, l'on pouvait considérer que les lois que le Congo n'avait pas expressément répudiées pouvaient s'appliquer au jeune Etat indépendant sans quoi celui-ci aurait été dans un lamentable état de vide juridique, ce qui ne pouvait pas être envisagé ;

Mais l'application de la loi du 24 juillet 1966, postérieure à l'accession du Congo à l'indépendance, n'était pas légalement justifiée ; pourtant, certains magistrats l'appliquaient ;

De ce point de vue, je continue encore à saluer l'avènement de ce droit nouveau qui, quoique très largement emprunté aux règles de droit et de tradition française, est de nos jours, un instrument juridique libérateur et fondateur ;

Je vais d'ailleurs rester uniquement sur le volet judiciaire pour ne pas sortir du thème sur lequel porte ma communication, à savoir : **Regards croisés entre la Cour Commune de Justice et d'Arbitrage (CCJA) et les juridictions suprêmes nationales** ;

S'agissant de l'intitulé du thème, je voulais me permettre, dans un souci d'exactitude et de précision, de le reformuler comme suit : **« Regards croisés entre la CCJA et les juridictions de cassation des Etats-Parties, cas du Congo »** ;

Cela dit, les organisateurs du colloque en me sollicitant pour jeter les bases d'un débat sur ce thème ne m'en ont pas précisé le contenu ; c'est donc à moi de le trouver et c'est ce que je vais m'employer à faire ;

Parlant de Regards croisés, j'ai pensé en premier lieu à l'expression **« croiser le fer »** qui, appliquée à notre thème, pourrait signifier, **« examiner les mécanismes de fonctionnement de la CCJA et des juridictions de cassation des Etats-Parties et en dégager ce qui peut donner lieu à discussions, à débats, à controverses, à oppositions ou à convergences d'opinions… »** ;

Je crois que c'est cette approche qui me convient le mieux dans la mesure où il n'existe, formellement, aucune véritable relation encadrée, de quelque nature que ce soit, entre la CCJA et les juridictions de cassation des Etats-Parties au Traité du 17 octobre 1993 ;

Mais le Traité a quand-même édicté en son sein, quatre (4) textes à savoir les articles 14[1], 15[2], 16[3] et 18[4] et dans une certaine mesure, l'article 20[5] du Traité qui peuvent être considérés comme régissant les

---

[1] **Article 14 du Traité du 17 octobre 1993 relatif à l'OHADA** : « La Cour commune de justice et d'arbitrage assure l'interprétation et l'application communes du Traité ainsi que des règlements pris pour son application, des Actes uniformes et des décisions.

La Cour peut être consultée par tout Etat-Partie ou par le Conseil des ministres sur toute question entrant fans le champ de l'alinéa précédent. La même faculté de solliciter l'avis consultatif de la Cour est reconnue aux juridictions nationales saisies en application de l'article 13 ci-dessus.

Saisie par la voie du recours en cassation, la Cour se prononce sur les décisions rendues par les juridictions d'appel des Etats-Parties dans toutes les affaires soulevant des questions relatives à l'application des Actes uniformes et des règlements prévus au présent Traité à l'exception des décisions appliquant des sanctions pénales.

Elle se prononce dans les mêmes conditions sur les décisions non susceptibles d'appel rendues par toute juridiction des Etats-Parties dans les mêmes contentieux.

En cas de cassation, elle évoque et statue sur le fond ».

[2] **Article 15 du Traité du 17 octobre 1993 relatif à l'OHADA** : « Les pourvois en cassation prévus à l'article 14 ci-dessus sont portés devant la Cour commune de justice de justice et d'arbitrage, soit directement par l'une des parties à l'instance, soit sur renvoi d'une juridiction nationale statuant en cassation saisie d'une affaire soulevant des questions relatives à l'application des actes uniformes ».

[3] **Article 16 du Traité du 17 octobre 1993 relatif à l'OHADA** : « La saisine de la Cour commune de justice de justice et d'arbitrage suspend toute procédure de cassation engagée devant une juridiction nationale contre la décision attaquée. Toutefois cette règle n'affecte pas les procédures d'exécution. Une telle procédure ne peut reprendre qu'après arrêt de la Cour commune de justice et d'arbitrage se déclarant incompétente pour connaître de l'affaire ».

[4] **Article 18 du Traité du 17 octobre 1993 relatif à l'OHADA** : « Toute partie qui, après avoir soulevé l'incompétence d'une juridiction nationale statuant en cassation estime que cette juridiction a, dans un litige la concernant, méconnu la compétence de la Cour commune de justice de justice et d'arbitrage peut saisir cette dernière dans un délai de deux (2) mois à compter de la notification de la décision contestée.

La Cour se prononce sur sa compétence par arrêt qu'elle notifie tant aux parties qu'à la juridiction en cause.

Si la Cour décide que cette juridiction s'est déclarée compétente à tort, la décision rendue par cette juridiction est réputée nulle et non avenue ».

[5] **Article 20 du Traité du 17 octobre 1993 relatif à l'OHADA** : « Les arrêts de la Cour commune de justice de justice et d'arbitrage ont l'autorité de la chose jugée et la force exécutoire. Ils reçoivent sur le territoire de chacun des Etats-Parties une exécution forcée dans les mêmes conditions que les décisions des juridictions nationales. Dans une même affaire, aucune décision contraire à un arrêt de la Cour

seules relations que l'on pourrait imaginer entre la CCJA et les juridictions de cassation des Etats-Parties ;

Je vais donc tirer argument de ces quatre (4) textes pour échafauder ma communication ;

Mais avant, je voulais souligner que dans chacun des Etats-Parties au Traité, existe une juridiction de cassation, Cour régulatrice du droit dont la première mission est d'assurer l'unité du droit national par l'unité de la jurisprudence ;

En effet, sans les juridictions de cassation, l'on pouvait assister à autant d'application et d'interprétation de la loi qu'il y a de cours d'appel ;

Les juridictions de cassation ont donc la mission, grâce aux pourvois portés devant eux, de faire en sorte que la même loi, pour les mêmes cas d'espèce, soit comprise et appliquée de la même manière selon que l'on se trouve dans tel ressort de cour d'appel ou dans tel autre ;

En République du Congo, notre juridiction de cassation s'appelle la Cour suprême ;

Depuis qu'elle s'est vue retirer sa fonction de juge du contentieux de la constitutionnalité des lois et des résultats des élections politiques de même que sa fonction de juge des comptes des comptables publics, la Cour est devenue uniquement juridiction de cassation, tant en matière judiciaire qu'administrative ;

Pour sa part, la CCJA telle qu'elle se comporte depuis sa création est la juridiction de cassation des seize (16) Etats-Parties au Traité toutes les fois que pour le jugement d'une affaire, les cours d'appel de ces Etats-Parties, statuant en dernier ressort, ont fait application des Actes uniformes ou les ont méconnus par refus d'application ;

Ce n'est pas rien… elle est ainsi, à travers les Nations et les continents, la seule juridiction judiciaire qui a un tel champ, non seulement d'exercice de son contrôle juridictionnel, mais également de jugement au fond ;

---

commune de justice de justice et d'arbitrage ne peut faire l'objet d'une exécution forcée sur le territoire d'un Etat-Partie ».

I- DIFFERENCE ENTRE LA CCJA ET LES JURIDICTIONS DE CASSATION DES ETATS-PARTIES (CAS DU CONGO)

La différence entre les juridictions de cassation des Etats-Parties au Traité et la CCJA est patente ;

En effet, quand je place d'un côté la CCJA et de l'autre la Cour suprême du Congo, la première grande différence entre les deux juridictions résulte de ce que la Cour suprême, en tant que juge de cassation, ne constitue pas un troisième degré de juridiction et ainsi, se borne à apprécier la légalité des arrêts et jugements en dernier ressort à travers l'examen et le jugement des moyens invoqués au soutien des pourvois formés ;

Dès lors, la Cour n'exerce que de manière très exceptionnelle le pouvoir d'évocation que, par ailleurs, en tant que juridiction de cassation, elle n'affectionne pas, alors pas du tout, quoique l'article 29[6] de la loi sur la Cour suprême reconnaisse à la haute juridiction, siégeant toutes chambres réunies, le pouvoir exceptionnel d'évocation en cas de cassation du deuxième arrêt rendu sur renvoi après cassation d'un premier arrêt dans la même cause, entre les mêmes parties ;

[6] **Article 29 de la loi n°17-99 du 15 avril 1999** : « Les chambres réunies comprennent les membres des chambres civiles, ceux de la chambre administrative et constitutionnelle, ceux de la chambre pénale, ceux de la chambre commerciale et ceux de la chambre sociale.

Les chambres réunies sont compétentes pour statuer sur le pourvoi en cassation lorsqu'après cassation d'un premier arrêt en dernier ressort rendu dans la même affaire, entre les mêmes parties, le second arrêt est attaqué.

Les chambres réunies sont saisies par un arrêt de la chambre à laquelle l'affaire est distribuée ».

En matière pénale, les articles 547[7], 548[8], 549[9], 550[10], 551[11], 552[12], 556[13] et 557[14] du code de procédure pénale qui s'appliquent devant la Cour suprême en cas de cassation d'un arrêt correctionnel ou criminel

---

[7] **Article 547 du code de procédure pénale** : « Lorsque la Cour suprême annule un arrêt ou un jugement rendu en matière correctionnelle ou de police, elle renvoie le procès et les parties devant une juridiction de même ordre et degré que celle qui a rendu la décision annulée ».

[8] **Article 548 du code de procédure pénale** : « **1°-** En matière criminelle, la Cour suprême prononce le renvoi du procès, à savoir : **a)** devant la chambre d'accusation autrement composée, si l'arrêt annulé émane de la chambre d'accusation ; **b)** devant une cour criminelle autrement composée, si l'arrêt est annulé pour cause de nullité commise à la cour criminelle ; **c)** devant un tribunal civil autre que celui où s'est faite l'instruction, si l'arrêt est annulé seulement du chef des intérêts civils ».

[9] **Article 549 du code de procédure pénale** : « Lorsque le renvoi aura été fait à la chambre d'accusation, celle-ci désigne, s'il échet, la juridiction de jugement ».

[10] **Article 550 du code de procédure pénale** : « **1°-** En matière correctionnelle ou de police, si l'arrêt et la procédure sont annulés pour cause d'incompétence ; la Cour suprême renvoie le procès devant les juges qui doivent en connaître et les désigne.
2°- La Cour suprême ne peut annuler qu'une partie de la décision lorsque la nullité ne vise qu'une ou quelque unes de ces dispositions ».

[11] **Article 551 du code de procédure pénale** : « Dans tous les cas où la Cour suprême est autorisée à choisir un tribunal pour le jugement d'une affaire renvoyée, ce choix ne peut résulter que d'une délibération spéciale prise immédiatement en la chambre du conseil ; il en est fait mention expresse dans l'arrêt ».

[12] **Article 552 du code de procédure pénale** : « **1°-** Une expédition de l'arrêt qui a admis la demande en cassation et ordonné le renvoi devant une nouvelle juridiction est délivrée au procureur général près la Cour suprême dans les trois jours. Cette expédition est adressée, avec le dossier de la procédure, au magistrat chargé du ministère public près la juridiction de renvoi.
2°- L'arrêt de la Cour suprême est signifié aux parties, à la diligence de ce magistrat.
3°- Une expédition est également adressée par le procureur général près la Cour suprême au magistrat chargé du ministère public près la juridiction qui a rendu l'arrêt ou le jugement annulé ».

[13] **Article 556 du code de procédure pénale** : « **1°-** Lorsque, après cassation d'un premier arrêt ou jugement rendu en dernier ressort, le deuxième arrêt ou jugement rendu dans la même affaire, entre les mêmes parties, procédant en la même qualité, est attaqué par les mêmes moyens que le premier, la chambre judiciaire, saisit les chambres réunies par un arrêt de renvoi.
2°- Un juge appartenant à une autre chambre que celle qui a rendu l'arrêt de renvoi est chargé par le président du rapport devant les chambres réunies ».

[14] **Article 557 du code de procédure pénale** : « Si le deuxième arrêt ou jugement est cassé pour les mêmes motifs que le premier, la juridiction à laquelle l'affaire est renvoyée doit se conformer à la décision de la Cour suprême sur le point de droit jugé par cette Cour ».

ne lui reconnaissent pas le droit d'évocation ; il a fallu attendre la loi n°025-92 du 20 août 1992 à laquelle la loi n°17-99 du 15 avril 1999 est venue se substituer pour que soit reconnu à la Cour suprême un droit d'évocation en matière criminelle, uniquement (cf. article 5-8ème[15] tiret de la loi) ;

Mais rassurez-vous, la Cour applique cette disposition de l'article 5-8ème tiret de la loi n°17-99 du 15 avril 1999 avec énormément de flexibilité en considérant que le droit d'évocation n'est qu'une faculté ouverte à la Cour ;

Ainsi, la Cour suprême du Congo est une véritable juridiction de cassation c'est-à-dire une juridiction qui se borne à apprécier la légalité des jugements et arrêts en dernier ressort, rendus par les cours et tribunaux, en s'assurant à partir des faits souverainement constatés par les juges du fond que la loi leur a été bien appliquée, qu'elle a été bien interprétée, si tant est qu'il faille l'interpréter ou qu'elle n'a pas été méconnue, autrement dit, qu'ils ne sont pas entachés de quelque violation que ce soit de la loi ;

En tant que juge de cassation, si aucune violation de la loi n'est relevée, la Cour rend un arrêt de rejet du pourvoi ; mais si au contraire l'arrêt attaqué encourt l'un ou l'autre des griefs invoqués (**violation de la loi**), elle casse la décision attaquée et renvoie la cause et les parties devant une juridiction de même ordre et de même degré, afin qu'il soit à nouveau procédé et jugé entre les parties au procès ;

Qu'en est-il, à cet égard, de la CCJA ?

C'est une question pertinente ;

---

[15] **Article 5-8ème tiret de la loi n°17-99 du 15 avril 1999 :** « La Cour suprême est, en outre, compétente pour connaître :

- …

- des pourvois en cassation avec droit d'évocation contre les décisions rendues par les cours criminelles ».

Eh bien, je n'ai pas la prétention de bien connaître la CCJA dont je n'ai jamais été un des éminents juges ; je réclame donc votre indulgence au cas où je disais quelque chose d'inexact ;

Pour répondre à cette question, je dirai qu'à la différence de la Cour suprême du Congo qui n'exerce que de manière très exceptionnelle le droit d'évocation, la CCJA, en cas de cassation, évoque et statue au fond **(cf. article 14 du Traité)** ;

Il y a là, une première très grande différence entre les deux hautes juridictions parce que de l'avis du juge congolais, le juge de cassation, en cas de cassation de la décision attaquée, doit renvoyer la cause et les parties devant une juridiction de fond, de même ordre et de même degré, en cas de cassation de sorte qu'une juridiction de cassation qui, en cas de cassation, exerce systématiquement le droit d'évocation et statue au fond n'est pas une réelle juridiction de cassation ; c'est une juridiction d'appel **« bis »**. C'est exactement le cas de la CCJA parce qu'elle se comporte exactement comme une juridiction d'appel, les cours d'appel des Etats-Parties étant dans ces conditions, à son égard, en cas d'application des Actes uniformes, des juridictions d'instance ;

Oui, si en cas de cassation, la CCJA exerce systématiquement et tout de suite son droit d'évocation, comme elle en a le droit en vertu de l'article 14 du Traité, eh bien, elle se comporte comme toute cour d'appel le ferait à l'égard des juridictions d'instance de son ressort. Il suffit, en ce qui la concerne, de remplacer les mots **« casser »** par **« infirmer »** et « **rejeter** » par **« confirmer »** et c'est une cour d'appel ;

En tant que membre d'une juridiction de cassation de l'un des Etats-Parties au Traité du 17 octobre 1993, je mentirais si je disais que je suis d'accord avec l'architecture judiciaire OHADA… ;

Je crois en effet qu'il est de meilleure organisation judiciaire qu'il soit interdit à toute juridiction de cassation, juridiction régulatrice, en ce qu'elle est chargée en premier lieu d'assurer l'unité du droit par l'unité de la jurisprudence, de connaître du fond des affaires ;

Le juge de cassation qui se mêle des faits, condamne à des réparations, alloue des dommages et intérêts, ce juge-là tue la noblesse de la fonction de cassation ;

Il tue le caractère exaltant et pathétique de la fonction conférée à ces magistrats d'expérience ;

A cet égard, **Jean Jacques ROUSSEAU** ne disait-il pas, en substance, que lorsqu'on concentre trop de pouvoirs entre les mains d'un seul organe, la tentation d'en abuser est forte ; un juge de cassation qui juge systématiquement au fond, en cas de cassation, descend, en le faisant, du perchoir où il était placé pour se mettre dans la mêlée et court de ce fait le risque pointé du doigt par ROUSSEAU quoique ROUSSEAU s'exprimait ainsi à l'égard de l'Homme politique et des Institutions politiques ; mais sa pensée peut valoir aussi pour le juge ;

Ce pouvoir exorbitant que l'article 14 du Traité a confié au juge de cassation n'honore pas la haute fonction de juge de cassation ;

Mais le plus grave c'est que l'article 14 du Traité a organisé ainsi, un véritable abandon de souveraineté des Etats-Parties au profit d'Abidjan en ce que tous les contentieux nés en matière commerciale, au sein de chacun de ces Etats-Parties et justifiant légalement de l'application des Actes uniformes pour leur dénouement, sont en définitive jugés à Abidjan qui se comporte, à leur égard, comme un troisième degré de juridiction ;

A travers les Etats et les continents, mis à part le cas de l'espace OHADA, je ne connais pas d'autres cas similaires ; s'il en existe quelque part alors, veuillez excuser mon ignorance… ;

Cela dit, je sais que l'article 14 à ses fervents défenseurs qui citent en exemple le cas de certains pays où le juge de cassation évoque systématiquement, avec effet dévolutif, en cas de cassation, sous le prétexte qu'il faut bien qu'un jour, le procès s'arrête ;

II- L'ARTICLE 15 DOIT-IL ETRE AMPUTE DE SA DEUXIEME PROPOSITION OU GARDE TEL QUEL ?

En regardant de manière croisée les juridictions nationales de cassation et la CCJA, en présence de la relation que crée, entre ces juridictions, l'article 15 du Traité, je me dis, sous toutes réserves, qu'on aurait dû ne pas faire comme cela en ce sens qu'une partie qui a saisi par erreur une juridiction de cassation d'un Etat-Partie, au cas où cette juridiction se déclarait incompétente rationne materiae, ne devrait s'en prendre qu'à elle-même et le Traité ne devrait pas obliger la juridiction de cassation incompétente à transmettre le pourvoi à la CCJA parce que c'est aux parties elles-mêmes qu'appartient l'action en justice. Il n'y a donc pas de raison qu'une juridiction de cassation d'un Etat-Partie, saisie à tort par les parties, se substitue à celles-ci et saisissent la CCJA de l'affaire par voie de transmission à celle-ci du dossier de pourvoi en cassation ; à cet égard, que se passe-t-il à l'échelon national ?

A l'échelon national, lorsqu'une juridiction saisie à tort se déclare incompétente, elle n'a pas le devoir de transmettre la cause et les parties devant la juridiction qui, selon elle, serait compétente ; elle se borne à renvoyer les parties qui se sont trompées à mieux se pourvoir ;

Pourquoi n'en serait-il pas ainsi quand il s'agit d'une juridiction de cassation d'un Etat-Partie saisie à tort d'un pourvoi qui relèverait de la compétence de la CCJA ?

A ce sujet, les juridictions de cassation des Etats-Parties, (**cas du Congo**), croulent déjà sous le poids d'importants contingents d'affaires à juger pour que leur soit imposé l'instruction et le jugement de pourvois qui se dénouent par des arrêts d'incompétence ; et ils sont bien nombreux, les recours qui se terminent par des arrêts d'incompétence ;

Voilà pour ce qui est de l'article 15 du Traité ;

III- QUE PENSER DE L'ARTICLE 16 ?

L'article 16 !!!... Oh l'article 16, tout comme l'article 18 sont des dispositions desquelles nait une controverse dont on aurait pu se garder ;

En effet, en disposant que « **La saisine de la Cour commune de justice de justice et d'arbitrage suspend toute procédure de cassation engagée devant une juridiction nationale contre la décision attaquée. Toutefois cette règle n'affecte pas les procédures d'exécution. Une telle procédure ne peut reprendre qu'après l'arrêt de la Cour commune de justice et d'arbitrage se déclarant incompétente pour connaître de l'affaire** », l'article 16 a fait semblant d'ignorer que devant les juridictions de cassation existent ce qu'on appelle « **les griefs disciplinaires** » et ce, au grand « **Dam** » des juridictions de cassation des Etats-Parties ;

Les griefs disciplinaires, qu'est-ce que c'est ? me rétorqueraient certains et en particulier les étudiants en droit ;

Les griefs disciplinaires sont des griefs considérés comme d'ordre public ; ils ont le privilège d'être toujours et toujours examinés à titre préalable, c'est-à-dire, avant les griefs de fond, et même avant les moyens d'office ;

Ils sont tirés de la violation des règles de droit interne et concernent notamment :

- l'absence et l'insuffisance de motifs **(article 53 du code de procédure civile, commerciale, administrative et financière)** ;

- l'objet et les données du litige **(article 53 du code de procédure civile, commerciale, administrative et financière)**. L'arrêt qui ne respecte pas les exigences de l'article 53 du code de procédure civile, commerciale, administrative et financière sur l'exposé des prétentions respectives des parties encourt la cassation pour violation de la loi en l'occurrence, la méconnaissance des dispositions de l'article 53 du code de procédure civile, commerciale, administrative et financière ;

- Le défaut de réponse à conclusions **(article 53 du code de procédure civile, commerciale, administrative et financière)** ;

- La dénaturation d'un écrit **(article 98 du code de procédure civile, commerciale, administrative et financière)** ;

- La compétence territoriale et matérielle des juridictions **(articles 1 et 2 du code de procédure civile, commerciale, administrative et financière et 93 à 105 de la loi n°022-92 du 20 août 1992 modifiée portant organisation du pouvoir judiciaire au Congo)** ;

- les délais et les formes des recours, en l'occurrence, les délais et formes de l'appel contre les décisions rendues par les juridictions d'instance pour que celui-ci soit déclaré recevable **(articles 65 à 84 du code de procédure civile, commerciale, administrative et financière)** ;

- la question de savoir si une décision est ou non immédiatement susceptible d'appel avant le jugement au fond ; c'est la délicate question des jugements préparatoires et interlocutoires **(article 82 du code de procédure civile, commerciale, administrative et financière)** ;

- la composition des formations de jugement **(articles 57, 106 et 107 de la loi d'organisation judiciaire)** ;

- la présence ou non du ministère public lorsque celle-ci est requise pour la régularité de la décision à intervenir ;

- la violation du principe de la contradiction des débats entre les parties, principe essentiel de bonne justice, inscrit à l'article 25 du code de procédure civile, commerciale, administrative et financière en République du Congo ;

Autant de questions et d'autres encore qui relèvent du droit interne, donc de la compétence des juridictions de cassation des Etats-Parties puisque sauf méprise de ma part, le règlement de procédure de la CCJA ne règle pas ce type de questions et ne pourra pas les régler. C'est l'affaire des Etats-Parties ;

A cet égard, j'ai en mémoire un cas où une juridiction d'instance a rendu un jugement ordonnant une expertise pour évaluer ce que les deux parties au procès se devaient réciproquement en matière de contrat d'entreprise ; mais le jugement contenait des motifs décisoires ;

La cour d'appel territorialement compétente, saisie de l'appel de l'une des parties l'a déclaré recevable, a annulé en toutes ses dispositions le jugement entrepris et, évoquant et statuant à nouveau, s'est prononcée au fond sur tous les chefs de demandes ;

Jugeant le pourvoi formé contre cet arrêt de la cour d'appel, la juridiction de cassation nationale a retenu que malgré la présence de motifs décisoires dans le jugement entrepris, motifs décisoires non repris dans le dispositif, le jugement entrepris demeurait malgré tout, un jugement préparatoire insusceptible d'appel et que la présence de motifs décisoires dans celui-ci ne pouvait pas donner lieu à un appel avant le jugement au fond et donc a annulé l'arrêt attaqué et renvoyé les parties à l'exécution du jugement entrepris ;

La CCJA, saisie par la partie qui y avait intérêt, a fait application de l'article 18 du Traité, estimant que la juridiction nationale n'avait pas à juger ce pourvoi parce que dans l'arrêt, l'on parlait d'hypothèque et de nantissement, méconnaissant de la sorte que la juridiction nationale de cassation ne s'était prononcée uniquement que sur la question de savoir si la décision du tribunal de grande instance était ou non immédiatement susceptible d'appel ;

Il s'agissait là de ce que tous les juges de cassation appellent un grief disciplinaire sur lequel ne pouvait seule statuer que la juridiction nationale de cassation ;

Aujourd'hui, si l'on devait débattre de la question, il ne manquerait pas des voix s'élevant pour soutenir qu'il s'agissait là d'un grief disciplinaire auquel s'appliquait le droit interne ;

Ce genre de controverse montre tant soit peu, l'imperfection du système juridictionnel imaginé et édicté par le Traité ;

De mon humble point de vue, il devrait être, courageusement, revu par ceux qui en ont le pouvoir, bien entendu sur le rapport de ceux qui se meuvent dans ce système OHADA lequel, malheureusement, pour ceux qui l'ont imaginé et édicté, est présenté comme un système parfait ; c'est leur droit de penser ainsi ; qu'ils permettent aux autres de penser différemment ;

Dans quel sens pourrait-on réformer ?

- Créer une juridiction des conflits ? **(Parce que nous avons l'écho de ce qu'une juridiction nationale de cassation s'étant déclarée incompétente et transmis le dossier à Abidjan, Abidjan le lui a retourné au motif qu'il n'était pas compétent. Il y a là un risque de conflit négatif au cas où la juridiction nationale de cassation persiste à se déclarer incompétente ; il y a aussi des conflits positifs ; mais ceux-ci quoique trouvant leurs solutions dans l'application de l'article 18 du Traité peuvent laisser dans une profonde et déplorable frustration, les juridictions de cassation des Etats-Parties. Seule une juridiction de conflit peut régler ce genre de situation) ;**

- Instituer au sein du Traité une action en manquement contre l'Etat dont la juridiction de cassation a fait preuve de résistance justifiée selon elle mais injustifiée selon la CCJA ? **(En Europe, pour ne citer que ce cas, la Cour européenne des droits de l'homme n'a pas le droit d'annuler les arrêts de Cours suprêmes des Etats-membres de l'Union. Mais l'espace OHADA a admis le fait... peut-être que nous faisons office de pionniers)** ;

- Relire en vue de son remaniement le dernier alinéa de l'article 14 et édicter pour la CCJA l'obligation de renvoyer, en cas de cassation, à une juridiction de même ordre et de même degré de l'Etat d'où émane la décision attaquée, ce qui aurait l'avantage de faire de la CCJA une véritable juridiction de cassation et aussi de faire en sorte que les affaires nées au Congo, au Sénégal, au Burkina-Faso, au Niger, au Cameroun, en Guinée-Equatoriale, en Guinée Bissau, en Guinée... soient jugées au fond, dans ces pays et non à Abidjan ;

Je ne suis, à cet égard, qu'un simple penseur qui s'interdit de donner des réponses hasardeuses encore que les avoir soulevées témoigne d'un peu de courage de notre part ;

IV- QUE PENSER DE L'ARTICLE 18 ?

De notre point de vue, le pouvoir que l'article 18 du Traité confère à la CCJA, contre les juridictions de cassation des Etats-Parties est non seulement exorbitant, mais le plus grave c'est qu'il laisse sans recours celle des juridictions nationales de cassation qui aurait de fortes raisons de croire qu'elle n'a ni méconnu la compétence de la CCJA, ni ne s'est trompée sur l'étendue de sa propre compétence ;

Ces cas se sont déjà produits et continueront à se produire et ce, parce que, même en présence d'un arrêt qui a fait, en tous points, application des Actes uniformes, subsistent ce que nous venons de dire, à savoir, les griefs disciplinaires ; les griefs disciplinaires, nos amis d'Abidjan le savent, en matière de jugement des pourvois, doivent être examinés avant tout autre moyen ; à ce moment-là, que fait-on lorsque par exemple :

- il a été débattu, devant la cour d'appel, de la question de sa compétence ?

- la cour d'appel a rejeté l'exception d'incompétence et a statué au fond, appliquant des Actes uniformes ?

- en cas de pourvoi sur la question de la compétence, qui est une question préalable et qui constitue dès lors un motif disciplinaire, qui doit statuer ?

La CCJA parce qu'au fond, des Actes uniformes ont été appliqués pour la solution du litige ou la juridiction nationale de cassation parce que la question de compétence relève de son pouvoir de contrôle disciplinaire et ainsi est préalable aux questions de fond ?

Je vous laisse répondre…

V- ENFIN QUE DIRE DU PROCESSUS D'ELABORATION DES ACTES UNIFORMES (ARTICLES 6 A 12 DU TRAITE) ?

Je vais terminer par la question du processus d'élaboration des Actes uniformes, puisque le colloque m'en donne l'opportunité ;

Je ne veux pas disséquer chacun des articles réglant la question parce que, si je le faisais alors pourtant que nous sommes dans un monde où tous les Etats donnent des leçons de respect des processus démocratiques aux autres, l'on pourrait malheureusement me taxer d'en avoir un peu trop dit…

Mais permettez au moins que je dise que les Actes uniformes, ce sont des lois… en ce cas, les parlements des Etats-Parties n'ont-ils aucun rôle à y jouer, quant au processus normatif ?

Doivent-ils demeurer l'apanage des seuls technocrates ?

Y'aurait-il un parlement chargé de l'adoption des Actes uniformes dans lequel siégeraient les élus de chaque Etat-Partie au Traité dont les Etats-Parties eux-mêmes ignoreraient l'existence ?

Je voulais juste savoir…

Chers messieurs, je vous remercie très sincèrement de m'avoir donné la parole, à l'occasion de la tenue à Brazzaville de ce colloque auquel je souhaite pleins succès… et vous tous ici présents, merci de m'avoir écouté…

Je vous remercie…

LA CASSATION ICI ET AILLEURS : L'EXEMPLE DE LA CCJA

par Maître Laurent Poulet
Avocat à la Cour de cassation et au Conseil d'Etat

1. La Cour commune de justice et d'arbitrage (CCJA) de l'Organisation pour l'harmonisation en Afrique du droit des affaires (OHADA) a 26 ans[16]. Il s'agit aujourd'hui de l'une des plus importantes juridictions d'Afrique. Elle est pourtant encore assez mal connue en France.

L'OHADA a été instituée par le Traité de Port-Louis du 17 octobre 1993, révisé à Québec le 17 octobre 2008. Cette organisation a été créée à une époque où les investissements étrangers étaient en baisse[17]. Il a été avancé que l'insécurité juridique et juridictionnelle pouvait être la cause de ce recul. L'OHADA a donc été instituée afin d'uniformiser et de simplifier l'environnement juridique des entreprises[18].

---

[16] La CCJA a 26 ans si l'on retient, comme date de naissance, la signature du traité de Port-Louis. Mais elle a seulement 23 ans si l'on retient sa date d'installation effective (avril 1997).

[17] Sur cette question, voir notamment la communication de Ndongo Fall, président de la CCJA, « L'impact de l'érection de la CCJA de l'OHADA dans les systèmes judiciaires nationaux », p. 2 ou encore Kéba Mbaye, préface à *Le droit uniforme africain des affaires issu de l'OHADA*, Litec, 2e éd.

[18] L'article 1er du Traité énonce que « *le présent traité a pour objet l'harmonisation du droit des affaires dans les Etats Parties, par l'élaboration et l'adoption des règles communes, simples, modernes et adaptées à la situation de leurs économies, par la mise en œuvre de procédures judiciaires appropriées, et par l'encouragement au recours à l'arbitrage pour le règlement des différends contractuels* ».

L'OHADA regroupe actuellement 17 Etats africains[19], comprenant, en tout, environ 230 millions d'habitants[20]. Cet organisme a, à ce jour, adopté 10 Actes uniformes[21].

2. L'article 3 du Traité OHADA énonce :

« *L'OHADA comprend la Conférence des Chefs d'Etat et de Gouvernement, le Conseil des Ministres, la Cour Commune de Justice et d'Arbitrage et le Secrétariat Permanent* ».

---

[19] Par ordre de ratification du Traité : Guinée Bissau, République centrafricaine, Mali, Comores, Burkina Faso Bénin, Niger, Sénégal, Côte d'Ivoire, Cameroun, Togo, Tchad, République du Congo, Gabon, Guinée équatoriale, Guinée, République démocratique du Congo. Certains Etats, par exemple le Burundi, pourraient, à leur tour, ratifier le Traité.

[20] Si l'on raisonne en termes de population relevant de sa juridiction, on peut ainsi voir dans la CCJA le juge de cassation, au sens où on l'entend dans la tradition romano-germanique, le plus important au monde.
Certes, le nombre d'habitants relevant de la CJUE est plus important encore mais cette juridiction communautaire n'exerce pas de contrôle de cassation sur les décisions des juridictions nationales du fond.

[21] Il résulte de l'article 5 du Traité que « *les actes pris pour l'adoption des règles communes prévues à l'article premier du présent traité sont qualifiés « Actes uniformes »* ». Les Actes uniformes ont pu être comparés à des lois (H. Bouka (Premier président de la Cour suprême de la République du Congo), Regards croisés entre la CCJA et les juridictions suprêmes nationales, Colloque « L'OHADA en marche », Brazzaville, février 2020).
Ces Actes uniformes ont été les suivants, par ordre chronologique : Acte uniforme relatif au droit commercial général (AUDCG), 17 avril 1997, révisé le 15 décembre 2010 ; Acte uniforme relatif au droit des sociétés commerciales et du groupement d'intérêt économique (AUSCGIE), du 17 avril 1997, révisé le 30 janvier 2014 ; Acte uniforme portant organisation des sûretés (AUS) du 17 avril 1997, révisé le 15 décembre 2010 ; Acte uniforme portant organisation des procédures simplifiées de recouvrement et des voies d'exécution (AUVE) du 10 avril 1998 ; Acte uniforme portant organisation des procédures collectives d'apurement du passif (AUPC) du 10 avril 1998, révisé le 10 septembre 2015 ; Acte uniforme relatif au droit de l'arbitrage (AUA) du 11 mars 1999 ; Acte uniforme portant organisation et harmonisation des comptabilités des entreprises du 24 mars 2000, révisé le 26 janvier 2017 ; Acte uniforme relatif aux contrats de transport de marchandise par route (AUTM) du 22 mars 2003 ; Acte uniforme relatif au droit des sociétés coopératives (AUSCOOP) du 15 décembre 2010 ; Acte uniforme relatif au droit de la médiation (AUM) du 23 novembre 2017.

La CCJA, qui a été installée en avril 1997[22], a son siège à Abidjan[23].

Cette Cour est composée de 13 juges[24], élus pour un mandat de 7 ans non-renouvelable[25].

Elle assure une fonction consultative[26]. Ainsi doit-elle être consultée sur les projets d'Actes uniformes[27]. Elle peut aussi être consultée par tout Etat partie ou par le Conseil des ministres sur toute question relative à l'interprétation et l'application du Traité, des Règlements pris pour son application, des Actes uniformes et des décisions[28]. Les juridictions nationales peuvent également la consulter lorsqu'elles sont saisies d'un contentieux relatif à l'application d'un Acte uniforme[29].

La dénomination-même de la CCJA témoigne de l'importance de son rôle en matière d'arbitrage.

Le Traité affiche clairement sa volonté de favoriser le recours à l'arbitrage[30]. C'est ainsi que son article 1er énonce que « *le présent Traité a pour objet l'harmonisation du droit des affaires dans les Etats*

---

[22] Les premiers pourvois ont été formés devant la CCJA en 1998. Ses premiers arrêts ont été rendus en 2001 (P. Lendongo, « Les activités judiciaires de la CCJA-OHADA de 1998 à 2019 par les statistiques », Colloque « L'OHADA en marche », Brazzaville, février 2020).

[23] Article 19 du Règlement de procédure de la CCJA.

[24] La décision n°04/2014/CM/OHADA du 24 juillet 2014 a porté le nombre de juges de 9 à 13.

[25] Article 1 du Règlement de procédure de la CCJA.

[26] Sur cette question, voir notamment J. Gatsi, « La jurisprudence, source du droit OHADA », Juriscope, 2012, spéc p. 10 et s.

[27] Articles 6 et 7 du Traité précité.

[28] Article 14 al 2 du Traité précité.

[29] Article 14 al 2 du Traité précité.

Il résulte de l'article 14 al 2 et de son rapprochement avec l'article 13 que les juridictions nationales du fond peuvent consulter la CCJA. Il n'est pas certain que ce soit le cas des juridictions suprêmes nationales puisque, d'une part, celles-ci ne sont pas visées à l'article 13 et que, d'autre part, elles n'ont pas vocation à régler le contentieux relatif à l'application des Actes uniformes.

[30] A. Cissé, « L'harmonisation du droit des affaires en Afrique : l'expérience de l'OHADA à l'épreuve de sa première décennie », Revue internationale de droit économique, 2004, p. 197 et s., spéc. p. 218.

Parties [...] par l'encouragement au recours à l'arbitrage pour le règlement des différends contractuels ».

On se contentera ici de rappeler, d'une part, que l'article 21 du Traité, inséré dans son titre IV, prévoit la possibilité que les parties soumettent « *un différend d'ordre contractuel à la procédure d'arbitrage prévue par le présent titre* » et, d'autre part, qu'il existe un Règlement d'arbitrage de la CCJA en date du 23 novembre 2017.

3. La CCJA assure également une fonction contentieuse

En première instance et en appel, les juges nationaux sont compétents pour le contentieux relatif à l'application des Actes uniformes[31]. Il résulte de l'article 14 al 3 du Traité précité que, « *saisie par la voie du recours en cassation, la Cour se prononce sur les décisions rendues par les juridictions d'Appel des Etats Parties dans toutes les affaires soulevant des questions relatives à l'application des Actes uniformes et des Règlements prévus au présent Traité à l'exception des décisions appliquant des sanctions pénales. Elle se prononce dans les mêmes conditions sur les décisions non susceptibles d'appel rendues par toute juridiction des Etats Parties dans les mêmes contentieux. En cas de cassation, elle évoque et statue sur le fond* ».

Ainsi, lorsqu'une juridiction a statué en dernier ressort sur un contentieux relevant d'un Acte uniforme, le contrôle de sa décision relève non de sa juridiction suprême nationale[32] mais, directement, de la CCJA. Ce transfert de compétence a froissé les Cours suprêmes nationales qui se sont senties dépossédées d'une partie importante de leur contentieux[33].

---

[31] L'article 13 du Traité de 1993 énonce que « *le contentieux relatif à l'application des Actes uniformes est réglé en première instance et en appel par les juridictions des Etats parties* ».

[32] Que celle-ci soit qualifiée de Cour suprême (Côte d'Ivoire, Sénégal, Cameroun, Bénin, Togo, Guinée…) ou de Cour de cassation (Gabon, Niger…).

[33] L'association africaine des hautes juridictions francophones (AA-HJF), lors d'un colloque tenu en juin 2006 à Lomé sur les « Rapports entre les juridictions de cassation nationales et la Cour commune de justice et d'arbitrage de l'OHADA : bilan et perspectives d'avenir » a adopté la recommandation suivante : « *L'unanimité s'est dessinée autour de l'idée d'une nécessaire et impérieuse révision du Traité de Port-Louis dans le sens de permettre aux juridictions nationales de retrouver pleinement leurs prérogatives relatives aux attributions dont elles ont été dépouillées par la*

Le fait que les juridictions suprêmes nationales aient été évincées du contentieux relatif aux Actes uniformes s'explique par les dysfonctionnements qu'elles ont parfois pu connaître[34].

4. L'article 19 du Traité énonce que « *la procédure devant la Cour commune de justice et d'arbitrage est fixée par un Règlement adopté par le Conseil des ministres* ». Ce Règlement[35] a été établi le 18 avril 1996. Il a été modifié et complété par un Règlement du 30 janvier 2014[36].

5. Le champ de compétence de la CCJA croît régulièrement, au gré de l'adoption d'Actes uniformes. Potentiellement, il est immense[37].

CCJA, cette dernière devant être érigée en une juridiction d'harmonisation connaissant des recours contre les décisions des juridictions nationales de cassation rendues en violation d'un Acte uniforme ». Un auteur évoque, à ce sujet « *la nostalgie des Cours nationales de cassation par rapport à leurs prérogatives perdues au profit de la CCJA* » (Adjita A. Shamsidine, « Les problèmes de cohabitation entre la cour commune de justice et d'arbitrage et les cours nationales de cassation », Revue de droit uniforme, n°3, p. 85).

[34] Un auteur fait référence aux « *systèmes judiciaires nationaux antérieurs dont les différents maux ont justifié en partie la création de la CCJA (absence de publication des décisions, lenteur des procédures de cassation par le système de renvoi à une juridiction nationale, etc.)* » (J. Yado Toé, « La problématique actuelle de l'harmonisation du droit des affaires par l'OHADA », Revue de droit uniforme 2008, p. 23 et s., spéc. p. 28).

[35] Le Règlement de procédure a pu être comparé à un code de procédure (voir sur ce point J. Wambo, *La saisine de la Cour commune de justice et d'arbitrage de l'OHADA en matière contentieuse*, 2e éd., p. 14).

[36] Certains auteurs considèrent que la révision du Règlement de procédure aurait été décevante (J. Wambo, « L'efficacité opérationnelle de la Cour commune de justice et d'arbitrage de l'OHADA dans le traitement des procédures contentieuses », Recueil LGA 2019, n°30).

[37] Un auteur relève que l'article 2 *in fine* du Traité « *permet pratiquement de faire entrer dans le droit des affaires n'importe quelle matière du droit privé puisqu'elle n'indique pas de critère d'inclusion. Ainsi ne serait-il pas contraire au Traité d'inclure dans le domaine du droit des affaires des matières considérées traditionnellement comme constituant des matières propres du droit civil, tels le droit des personnes et de la famille, les régimes matrimoniaux, les successions, ou les libéralités, parce que, à maints égards, elles peuvent être saisies par le droit des affaires. Il en est ainsi du nom patronymique qui peut servir aussi de nom commercial et être soumis à des règles particulières différentes de celles du droit civil* » (J. Yado Toé, article précité, p. 32).

L'article 2 du Traité énonce que « *pour l'application du présent traité, entrent dans le domaine du droit des affaires, l'ensemble des règles relatives au droit des sociétés et au statut juridique des commerçants, au recouvrement des créances, aux sûretés et aux voies d'exécution, au régime du redressement des entreprises et de la liquidation judiciaire, au droit de l'arbitrage, au droit du travail, au droit comptable, au droit de la vente et des transports et toute autre matière que le Conseil des Ministres déciderait, à l'unanimité, d'y inclure conformément à l'objet du présent traité et aux dispositions de l'article 8* ». Il s'agit là d'une conception particulièrement étendue du droit des affaires.

Cependant, la CCJA ne peut être compétente[38] que si un Acte uniforme a été adopté. Ainsi, le droit du travail, qui est visé à l'article 2 précité, ne relève pas de la compétence de la CCJA, faute d'Acte uniforme[39]. Il en est de même de la responsabilité civile[40] et du droit des successions[41]. La compétence des juridictions suprêmes nationales se réduit donc à mesure que des Actes uniformes sont adoptés.

---

[38] On relèvera que l'article 17 du Traité prévoit l'hypothèse de « *l'incompétence manifeste* » de la CCJA. Pour une illustration, voir CCJA, ordonnance du 16 avril 2009, n°008/2009. Sur ce point, voir également l'article 32 du Règlement de procédure (*infra* n°30).

[39] La CCJA a énoncé, au visa de l'article 14, alinéas 1 et 3 du Traité : « *si le champ de compétence de la Cour est, au sens de l'article 14 du Traité OHADA, circonscrit aux affaires soulevant des questions de compétence relatives à l'application d'un Acte uniforme, en l'espèce, le droit du travail n'ayant pas encore faire l'objet d'un Acte uniforme, la Cour de céans ne peut pas se prononcer sur le litige ; qu'il échet donc de se déclarer incompétent* » (CCJA, Ass Plén, 23 avril 2014, n°058/2014). Voir également CCJA, 2ème ch., 4 avril 2014, n°030/2014 ; CCJA, Ass Plén, 19 novembre 2015, n°138/2015.

[40] Après avoir visé l'article 14 du Traité, dans ses alinéas 3 et 4, la CCJA a énoncé que « *manifestement, l'objet du contentieux est relatif à la responsabilité civile, matière non régie par les Actes uniformes en vigueur à ce jour ; qu'il s'ensuit, au regard des dispositions de l'article 14 susmentionné, que les conditions de la compétence de la Cour de céans ne sont pas réunies ; qu'en conséquence, il y a lieu pour elle de se déclarer incompétente et de renvoyer les parties à mieux se pourvoir* » (CCJA, Ass. Plén., 4 novembre 2014, n°104/2014).

[41] La CCJA a jugé au visa de l'article 14 al 3 du Traité : « *il ressort de cette disposition que la Cour de céans n'est compétente en cassation que pour les affaires soulevant des questions relatives à l'application des Actes uniformes et des Règlements prévus au traité ; que l'arrêt n°19/C du 19 février 2010 de la cour d'appel de Douala a été*

Même lorsque le litige relève d'un Acte uniforme, la compétence de la CCJA est exclue, on l'a vu[42], lorsque la décision susceptible d'être soumise à son contrôle applique une sanction pénale[43].

En outre, il résulte de la jurisprudence de la CCJA que celle-ci est compétente pour les pourvois mixtes, portant à la fois sur les dispositions d'un Acte uniforme et sur des règles de droit interne. Cette compétence a été affirmée tant dans le cadre de l'article 14 du Traité[44], relatif au recours en cassation, que de son article 18[45], qui concerne

---

rendu en matière de succession ; qu'il s'ensuit que la Cour de céans doit se déclarer incompétente » (CCJA, 2ème ch., 16 mai 2013, n°044/2013).

[42] Voir *supra* n°3.

[43] Au visa des alinéas 3 et 4 de l'article 14 du Traité, la CCJA a énoncé : « *qu'il appert de cette disposition que même si une décision soulève des questions relatives à l'application des Actes uniformes et des Règlements prévus au Traité tel qu'indiqué à l'article suscité, elle ne peut ressortir de la compétence de la CCJA dès l'instant où elle applique des sanctions pénales ; que l'arrêt n°02 du 23 mars 2015 rendu par la Cour de répression de l'enrichissement illicite, attaqué, ayant condamné pénalement [...] entrant dans ce cadre ne peut, quelles qu'en soient les motivations, être soumis à l'appréciation de la Cour de céans ; qu'il y a lieu pour elle de se déclarer incompétente* » (CCJA, Ass Plén, 14 juillet 2016, n°143/2016). Voir également CCJA, 2e ch., 7 juin 2012, n°53/2012.

[44] Ainsi, la CCJA a jugé : « *attendu que selon sa jurisprudence constante, la CCJA a une compétence générale pour examiner un pourvoi en cassation mixte dont les moyens sont fondés aussi bien sur les dispositions d'un Acte uniforme que sur les règles de droit interne d'un Etat partie ; qu'en l'espèce, les moyens développés par les parties concernent aussi bien les dispositions des articles 42 et 132 du décret foncier du 24 juillet 1906 et 1134 du code civil (droit interne) que les dispositions de l'article 49 de l'Acte uniforme portant organisation des procédures simplifiées de recouvrement et des voies d'exécution et celles des articles 123 et 130 anciens de l'Acte uniforme portant organisation des sûretés ; qu'en vertu de la supra nationalité des Actes uniformes édictée par l'article 10 du Traité OHADA et de ses prérogatives d'évocation, la CCJA est bien compétente pour connaître de la présente procédure ; qu'il y a lieu de déclarer irrecevable cette exception d'incompétence* » (CCJA, Ass. Plén., 23 avril 2014, n°59/2014). Voir également CCJA, 2ème ch., 20 décembre 2012, n°100/2012.

[45] Pour une analyse de l'article 18 voir *infra* n°11.

La CCJA a énoncé, au visa de l'article 18 du Traité : « *attendu qu'il ressort des pièces du dossier de la procédure que, l'affaire ayant donné lieu à l'arrêt n°7/2008 en date du 10 janvier 2008 de la chambre commerciale de la Cour de cassation du Burkina Faso soulève bien des questions relatives à l'application de l'Acte uniforme portant organisation des procédures simplifiées de recouvrement et des voies d'exécution ; que, du reste, la Cour de cassation du Burkina Faso pour casser l'arrêt de la cour d'appel de Ouagadougou déféré devant elle, a soulevé d'office un moyen tiré de la*

l'hypothèse où la CCJA se prononce sur la compétence d'une Cour suprême nationale qui a rendu une décision. Cela signifie donc que la CCJA peut interpréter une loi interne à l'occasion d'un tel pourvoi.

On relèvera que plusieurs juridictions suprêmes nationales ont jugé qu'elles étaient compétentes pour statuer sur des pourvois mixtes. Cela révèle leur volonté de résister face à la montée en puissance de la CCJA[46].

6. L'article 14 al 1 du Traité énonce que « *la Cour de justice et d'arbitrage assure l'interprétation et l'application communes du Traité ainsi que des Règlements pris pour son application, des Actes uniformes et des décisions* ». On l'a vu[47], le troisième alinéa de ce même article précise que « *saisie par la voie du recours en cassation, la Cour se prononce sur les décisions rendues par les juridictions d'appel des Etats parties dans toutes les affaires soulevant des questions relatives à l'application des Actes uniformes et des Règlements prévus au présent Traité* ».

Ainsi, la compétence de la CCJA est liée à l'objet-même du litige (« *toutes les affaires soulevant des questions relatives à l'application des actes uniformes et des règlements prévus au présent Traité* »). En application de l'article 14 du Traité, la CCJA a énoncé à de nombreuses reprises que sa compétence dépendait de la matière dont relevait le

violation de l'article 9 dudit Acte uniforme ; attendu au demeurant que la Cour de céans a déjà tranché à travers sa jurisprudence, constante (arrêt n°31/2004 du 4 novembre 2004 et n°55/2005 du 15 décembre 2005) qu'elle reste seule compétente en application de l'article 14 du Traité relatif à l'harmonisation du droit des affaires en Afrique pour assurer l'interprétation et l'application uniformes du Traité ainsi que des Règlements pris pour son application, des Actes uniformes et des décisions, et ses décisions en application de l'article 16 dudit Traité s'imposent aussi aux hautes juridictions nationales de l'espace OHADA ; attendu qu'il résulte de tout ce qui précède que l'affaire ayant donné lieu à l'arrêt n°7/2008 en date du 10 janvier 2008 soulève sans conteste des questions relatives à l'application et à l'interprétation d'un Acte uniforme ; que la chambre commerciale de la Cour de cassation du Burkina Faso s'étant déclarée compétente à tort, en l'espèce en violation flagrante du Traité susvisé, sa décision est réputée nulle et non avenue en application des dispositions de l'article 18 in fine du Traité » (CCJA, 1ère ch., 2 mai 2013, n°032/2013).

[46] J. Wambo, ouvrage précité, p. 72.

[47] Voir *supra* n°3.

pourvoi et non des moyens soulevés à l'appui de celui-ci[48]. Autrement dit, cette compétence dépend des questions soulevées par l'affaire[49] et non de celles soulevées par les parties[50]. Il s'agit là d'une exacte application de l'article 14 du Traité.

La méthode consistant à retenir comme critère de compétence le fond de l'affaire et non les moyens soulevés présente un mérite : elle évite de faire dépendre la compétence de la CCJA de la volonté des parties ; le demandeur au pourvoi ne peut pas provoquer la compétence de la CCJA en soulevant artificiellement un moyen tiré de la violation d'un Acte uniforme ou d'un Règlement.

---

[48] Ainsi, la CCJA a énoncé au visa de l'article 14 alinéa 3 du Traité que « *la compétence de la Cour de céans s'apprécie, non pas sur le fondement des moyens invoqués à l'appui du pourvoi, mais plutôt en recherchant si l'affaire qui a donné lieu à la décision attaquée soulève des questions relatives à l'application des Actes uniformes ou des règlements prévus au Traité, à l'exception des décisions appliquant des sanctions pénales et ceci, peu importe que le requérant invoque soit uniquement des moyens portant sur les Actes uniformes ou les Règlements prévus au Traité, soit uniquement des moyens portant sur les dispositions de droit interne, soit à la fois aussi bien sur des Actes uniformes et des Règlements prévus au Traité que sur des dispositions de droit interne ; qu'en l'espèce, l'affaire qui a donné lieu à l'arrêt n°214 du 19 mai 2009, objet du présent pourvoi, est relative à la résiliation de contrats de bail commercial signés entre [X et autres] et la direction nationale de gestion du patrimoine bâti public de Guinée ; que l'affaire soulève bien des questions relatives à l'application de l'Acte uniforme relatif au droit commercial général ; qu'en conséquence, la Cour de céans doit se déclarer compétente pour examiner les présents pourvois en cassation* » (CCJA, 2e ch., 20 décembre 2012, n°100/2012). Voir également CCJA, 1ère ch., 7 mars 2013, n°003/2013 ; CCJA, 3e ch., 13 mars 2014, n°026/2014 ; CCJA, 2e ch., 29 juin 2017, n°149/2017 ; CCJA, 3e ch., 31 janvier 2019, n°035/2019 ; CCJA, 1ère ch., 12 décembre 2019, n°322/2019.

[49] Voir notamment CCJA, 1ère ch., 11 février 2016, n°011/2016 : après avoir visé l'article 14 du Traité, la CCJA a énoncé : « *qu'il en résulte que la compétence de la CCJA est déterminée, non par la nature du texte ayant servi de fondement à la décision des premiers juges, mais par le fait notamment que l'affaire soulève des questions relatives à l'application des Actes uniformes ; qu'en l'espèce, le litige portant sur une saisie-attribution de créances régie par l'Acte uniforme susvisé, la Cour de céans doit retenir sa compétence et rejeter l'exception soulevée* ». Voir également CCJA, 3e ch., 13 mars 2014, n°027/2014 ; CCJA, 1ère ch., 29 octobre 2015, n°127/2015 ; CCJA, 3e ch., 2 juin 2016, n°098/2016 ; CCJA, 3e ch., 27 octobre 2016, n°158/2016.

[50] Voir CCJA, 3e ch., 4 décembre 2012, n°082/2012 ; CCJA, 2e ch., 12 novembre 2015, n°136/2015.

Il peut néanmoins arriver à la CCJA de se référer aux moyens du pourvoi[51]. On peut regretter que de telles décisions portent atteinte à l'unité de la jurisprudence de la CCJA rendue en application de l'article 14 du Traité. De même peut-on regretter que la CCJA puisse se référer aux moyens soulevés en cause d'appel[52] ou exiger que la décision soumise à son contrôle ait fait application d'un Acte uniforme[53] ; l'important est la matière dont relève le pourvoi et non la nature du texte appliqué par la juridiction qui a rendu la décision contestée. Ces flottements de la jurisprudence sont d'autant plus regrettables qu'ils sont contraires aux objectifs du Traité OHADA : comment assurer la sécurité juridique des investisseurs quand le critère de compétence de la CCJA est incertain ?

---

[51] Voir CCJA, 2e ch., 24 février 2005, n°014/2005 : « *attendu en l'espèce que de l'énoncé ci-dessus de l'argumentaire accompagnant les moyens de cassation des requérants [...] qu'il résulte de ce qui précède que les recours en cassation sus énoncés ne satisfaisant pas aux conditions de compétence de la Cour commune de justice et d'arbitrage de l'OHADA en matière contentieuse, telles que précisées à l'article 14 sus énoncé du Traité susvisé, il y a lieu, nonobstant les arrêts de dessaisissement de la Cour suprême de Côte d'Ivoire qui ne lient pas la Cour commune de justice et d'arbitrage, de se déclarer incompétent* » (sur cet arrêt, voir J. Wambo, ouvrage précité, p. 28). Voir également CCJA, 1ère ch., 12 février 2015, n°004/2015 ou encore CCJA, 1ère ch., 30 mars 2015, n°008/2015.

[52] CCJA, 3e ch., 7 juin 2018, n°150/2018, note C. Grimaldi, LEDAF, février 2019, n°111x7.

[53] CCJA, 1ère ch, 29 février 2016, n°36/2016 : « *Attendu [...] que les articles 13 et 14 du Traité de l'OHADA ouvrent la voie du pourvoi devant la CCJA dès lors qu'il s'agit d'attaquer une décision ayant fait application d'un Acte uniforme et non susceptible d'appel* ». La solution ici consacrée semble contradictoire avec l'arrêt précité du 11 février 2016, rendu quelques jours plus tôt. En outre, cette solution peut sembler contestable car on voit mal pourquoi le refus d'application d'un Acte uniforme ne serait pas sanctionné par la CCJA. La question de la compétence de la CCJA en cas de fausse application d'un Acte uniforme (qui est un peu l'avers de la médaille dont le refus d'application est l'envers) est plus délicate encore.

On pourrait également citer un arrêt du 1er février 2017 par lequel, après avoir relevé que les moyens des parties en première instance et en appel ne se référaient pas à un Acte uniforme, la CCJA a jugé : « *aucune disposition de l'Acte uniforme portant sur le droit commercial général n'ayant été appliquée au présent contentieux, dès lors* », la CCJA était incompétente (CCJA, 2e ch., 1er février 2007, n°005/2007, analysé par J. Wambo, ouvrage précité, p. 27.). Plutôt que de rechercher si l'affaire soulevait des questions relatives à l'application d'un Acte uniforme, la CCJA a recherché si un tel Acte avait déjà été appliqué dans le litige. Or, bien évidemment, une affaire peut soulever une telle question sans qu'aucun Acte uniforme n'ait encore été appliqué.

7. On a vu qu'il résultait de l'article 14 al 3 du Traité que la CCJA était saisie par la voie du recours en cassation. Ce même article précise dans son alinéa 5 que, en cas de cassation, la CCJA « *évoque et statue au fond* ». L'analyse de la CCJA, juge de cassation (I), précèdera celle de la CCJA, juge de l'évocation (II).

I- LA CCJA, JUGE DE CASSATION

8. L'étude des conditions de saisine de la CCJA (A) sera suivie de celle de l'instruction du pourvoi par cette juridiction (B).

A) La saisine de la CCJA

9. Seront d'abord étudiés les cas de saisine de la CCJA (1) puis les modalités de sa saisine (2).

1) Les cas de saisine de la CCJA

10. Tant le Traité[54] que le Règlement de procédure de la CCJA[55] énoncent que celle-ci peut être saisie d'un « *recours en cassation* »[56]. Cette saisine peut intervenir dans deux hypothèses[57].

La première hypothèse, à laquelle on pense le plus naturellement, est celle dans laquelle, après qu'une juridiction nationale a rendu une décision, une des parties à l'instance introduit un recours dirigé contre cette décision devant la CCJA[58].

---

[54] Articles 14 et 15 du Traité.

[55] Article 28 du Règlement de procédure.

[56] On observera que la CCJA utilise également le terme de « pourvoi ». Voir, par exemple, CCJA, 2e ch., 17 août 2012, n°072/2012 ; CCJA, 1ère ch., 18 mars 2016, n°042/2016. Sur la question de l'intitulé de l'acte de saisine : Ntetika Mbakata Ja, *Mentions de l'acte saisissant la CCJA de l'OHADA en cassation*, Editions Kupanga, juin 2016, p. 17.

[57] La CCJA a précisé qu'un pourvoi n'étant « *ni porté directement par l'une des parties à l'instance, ni sur renvoi d'une juridiction nationale statuant en cassation comme le prévoit l'article 15 du Traité [...] il échet, dès lors, de le déclarer irrecevable* » (CCJA, 1ère ch., 9 juin 2016, n°115/2016)

[58] Article 15 du Traité : « *les pourvois en cassation prévus à l'article 14 sont portés devant la Cour commune de justice et d'arbitrage soit directement par l'une des parties à l'instance (...)* ».

11. On peut rapprocher de cette hypothèse celle dans laquelle une Cour suprême a été saisie à tort et a rendu une décision.

L'article 18 du Traité dispose :

« *Toute partie qui, après avoir soulevé l'incompétence d'une juridiction nationale statuant en cassation*[59], *estime que cette juridiction a dans un litige la concernant méconnu la compétence de la Cour commune de justice et d'arbitrage peut saisir cette dernière dans un délai de deux mois à compter de la notification de la décision contestée*[60].

La cour se prononce sur sa compétence par un arrêt qu'elle notifie tant aux parties qu'à la juridiction en cause.

Si la Cour décide que cette juridiction s'est déclarée compétente à tort, la décision rendue par cette juridiction est réputée nulle et non avenue »[61].

---

[59] Un auteur considère que la CCJA pourrait dépasser la lettre de l'article 18 et tenir pour « *indifférente l'absence de déclinatoire de compétence devant la juridiction nationale statuant en cassation* » (C. Grimaldi, note sous CCJA, 3e ch., 26 avril 2018, n°106/2018, LEDAF, oct. 2018, n°110q0). Cependant, récemment encore, la CCJA a énoncé, au sujet de l'article 18, que « *les décisions de fond d'une Cour suprême nationale ne sont contestables devant la Cour Commune de Justice et d'Arbitrage qu'au moyen d'un recours en annulation, et cela, exclusivement par une partie ayant soulevé l'incompétence de ladite juridiction avant qu'elle ne rende sa décision* » (CCJA, 1ère ch., 7 novembre 2019, n°257/2019 ou encore CCJA, 1ère ch., 24 janvier 2019, n°017/2019, 018/2019 et 019/2019 ; CCJA, 1ère ch., 20 juin 2019, n°187/2019).

[60] Pour une illustration de l'exigence que le recours soit formé dans un délai de deux mois, voir notamment CCJA, Ass. Plén., 29 avril 2015, n°076/2015.

[61] Ainsi, la CCJA a jugé, au visa des articles 18 et 14 alinéas 3 et 4 du Traité : « *le litige né de l'exécution de ladite convention et qui a donné lieu notamment à l'arrêt n°200 du 23 avril 2003 de la chambre commerciale de la cour d'appel de Bamako contre lequel GME, par l'entremise de ses conseils, s'est pourvue en cassation, relève de la compétence de la Cour de céans en application de l'article 14 alinéas 3 et 4 sus énoncé du traité susvisé ; qu'il s'ensuit qu'en statuant comme elle l'a fait par l'arrêt attaqué, la Cour suprême du Mali a méconnu, en violation de l'article 14 alinéas 3 et 4 précité, la compétence de la Cour de céans et exposé son arrêt à l'annulation ; qu'il échet de dire et juger que la Cour suprême du Mali s'est déclarée compétente à tort et que son arrêt n°23 du 12 juillet 2004 doit être déclaré nul et non avenu conformément à l'article 18 sus énoncé du traité susvisé* » (CCJA, 1ère ch., 4 février 2010, n°004/2010). Sur cette question, voir notamment Ndongo Fall, communication précitée, p. 3.

S'agissant des suites de cette annulation, l'article 52 4° du Règlement de procédure énonce que « *si la Cour décide que la juridiction nationale s'est déclarée compétente à tort, la décision rendue par cette juridiction est réputée nulle et non avenue. Toute Partie devant ladite juridiction peut dans les deux mois de la signification du jugement de la Cour saisir cette dernière d'un recours en cassation contre la décision du juge du fond dans les conditions prévues à l'article 14 du Traité et aux articles 23 à 50 du présent Règlement* »[62].

L'hypothèse visée à l'article 18 du Traité ne correspond pas, à proprement parler, à un recours en cassation. En effet, la décision critiquée n'a pas été rendue par une juridiction du fond mais par une juridiction de cassation nationale. Cependant, elle peut donner lieu, après annulation de cette décision, à un véritable recours en cassation contre la décision des juges du fond, à l'initiative d'une partie.

12. La seconde hypothèse est celle dans laquelle une juridiction de cassation nationale a été saisie à tort d'un pourvoi en cassation. S'apercevant que ce recours relève non de sa compétence mais de celle de la CCJA, cette juridiction lui renvoie l'affaire, en application de

---

[62] Dans l'arrêt précité (voir *supra* n°5) du 2 mai 2013, une partie demandait à la CCJA, après avoir déclaré nulle et non avenue la décision de la Cour suprême, de statuer au fond. La CCJA a dit n'y avoir lieu à évocation en l'état et a renvoyé les parties à se conformer à l'article 52.4 du Règlement de procédure, et a donc refusé de trancher au fond. Au sujet de l'article 52.4 précité, voir CCJA, 3e ch., 31 janvier 2019, n°034/2019 : « *l'intérêt dont un demandeur en annulation peut se prévaloir est celui de voir rejuger, devant la Cour de céans, l'affaire retenue à tort par la juridiction nationale de cassation ; qu'en l'espèce, la CCJA ayant déjà statué par arrêt n° 199/2017 du 23 novembre 2017 sur les mérites d'un pourvoi contre le même arrêt n°109/REF rendu le 11 août 2004 par la Cour d'appel du Littoral à Douala, est dessaisie et ne peut à nouveau examiner un éventuel recours contre cette décision du fond, en cas d'annulation de l'arrêt attaqué ; qu'il s'ensuit que la requérante ne justifie d'aucun intérêt dans son action devant la Cour de céans et la procédure ainsi introduite doit être déclarée irrecevable* ».

l'article 15 du Traité[63-64]. Ici, la CCJA est saisie non par une partie mais par une juridiction de cassation nationale.

C'est essentiellement le recours en cassation introduit par une partie devant la CCJA qui retiendra ici l'attention.

2) Les modalités de saisine de la CCJA

13. L'article 23 du Règlement de procédure énonce que « *le ministère d'avocat est obligatoire devant la Cour* »[65] avant de préciser les personnes admises à exercer ce ministère. L'avocat doit disposer d'un mandat spécial. L'article 28 fait écho à l'article 23 puisqu'il impose que le recours en cassation soit présenté par un avocat. En la matière, une régularisation est néanmoins possible[66].

---

[63] Article 15 du Traité : « *les pourvois en cassation prévus à l'article 14 sont portés devant la Cour commune de justice et d'arbitrage (...) soit sur renvoi d'une juridiction nationale statuant en cassation saisie d'une affaire soulevant des questions relatives à l'application des Actes Uniformes* ».
Voir également l'article 51 du Règlement de procédure.
Un auteur (H. Bouka, communication précitée) critique vivement la rédaction de l'article 15 et, plus précisément, la possibilité pour la juridiction nationale de cassation de renvoyer l'affaire à la CCJA. Il soutient que le juge national devrait uniquement renvoyer le demandeur au pourvoi à mieux se pourvoir. L'auteur semble considérer que cette solution serait inédite. Cependant, à certains égards, l'article 15 du Traité fate penser à l'article R. 351-1 du code de justice administrative qui prévoit un système de renvoi au sein de la juridiction administrative.
Des auteurs estiment que « *bien qu'elle ne soit pas formellement écrite, la même obligation de renvoi incombe à la CCJA, qui dès lors qu'elle s'estime incompétente, est tenue de renvoyer l'affaire devant la juridiction nationale de cassation compétente pour connaître du pourvoi formé devant elle* » (sur cette question, voir Adjita A. Shamsidine, article précité).
[64] Les Cours suprêmes nationales ayant été froissées d'être dépossédées d'une partie de leur contentieux, il n'est pas impossible qu'elles soient réticentes à l'idée de renvoyer les pourvois dont elles sont saisies vers la CCJA. Il en est notamment ainsi en matière de pourvois mixtes. Cela est d'autant plus vrai que, si la Cour suprême statue sur le pourvoi, il sera à peu près impossible de contester sa décision – hors le cas de l'article 18 du Traité, qui suppose que son incompétence ait préalablement été soulevée.
[65] Dans le même sens, voir l'article 19 du Traité.
Le principe s'applique tant au demandeur qu'au défendeur au recours (CCJA, 2e ch., 30 janvier 2020, n°24/2020).
[66] CCJA, 2e ch., 21 avril 2016, n°062/2016 : irrecevabilité à défaut de régularisation en matière de pouvoir spécial. CCJA, 3e ch., 9 avril 2015, n°025/2015 : un cas de régularisation en matière de mandat spécial.

Un auteur s'est demandé si un avocat qui ne pouvait pas représenter une partie en cassation devant sa juridiction suprême pouvait néanmoins le faire devant la CCJA[67]. A notre connaissance, la question ne se pose, en pratique, que pour les avocats de République démocratique du Congo (Kinshasa). Il s'agit en effet du seul Etat africain qui dispose d'un Ordre spécifique, l'Ordre de la Cour suprême de justice, composé d'avocats ayant un monopole de la représentation des parties devant la Cour suprême.

Certains ont soutenu que seuls les avocats de l'Ordre de la Cour suprême de justice pouvant intervenir en matière de cassation, leur monopole devait s'étendre à la CCJA.

A l'inverse, il a été affirmé que, en l'absence de texte spécifique, l'accès à la CCJA ne devait pas être interdit aux avocats de RDC n'appartenant pas à l'Ordre de la Cour suprême de justice.

Cette seconde interprétation a prévalu. Cela signifie que, en matière civile et pénale, seuls les avocats de cet Ordre peuvent former des pourvois en cassation devant la Cour suprême de justice tandis que, en matière commerciale, tous les avocats congolais peuvent saisir la CCJA.

14. L'article 28 du Règlement de procédure[68] précise que, sous peine d'irrecevabilité[69], « *le recours est présenté au greffe dans les deux*

[67] J. Wambo, ouvrage précité, p. 59.

[68] La CCJA a jugé que, pour apprécier la tardiveté, et donc la recevabilité d'un pourvoi, il convenait de se référer au Règlement de procédure de la CCJA et non aux règles de droit interne : CCJA, 8 janvier 2004, n°005/2004. Cette solution n'est guère surprenante.

[69] Voir CCJA, 26 décembre 2002, n°022/2002 ; CCJA, 2ème ch., 24 février 2005, n°017/2005 ; CCJA, Ass. Plén, 29 avril 2015 n°076/2015 ; CCJA, 3ème ch., 30 mars 2017, n°077/2017 ; CCJA, 3e ch., 19 décembre 2019, n°337/2019 et n°338/2019.

mois[70-71] *de la signification*[72] *ou de la notification de la décision attaquée* »[73]. Sur ce point, le Règlement de procédure de la CCJA rejoint le code de procédure civile français.

On peut se demander si la signification (ou la notification)[74] est un préalable obligatoire à l'introduction d'un recours devant la CCJA, comme cela a été le cas, à une époque, devant la Cour de cassation française[75]. L'article 28 al 2 du Règlement de procédure semble

---

[70] Outre un éventuel délai de distance. Sur ce point, voir l'article 25 5) du Règlement de procédure qui renvoie à une décision de la CCJA. Celle-ci est intervenue le 4 février 1999 (décision 002/99) et prévoit un délai de 21 jours en Afrique centrale, de 14 jours en Afrique de l'Ouest et de 30 jours en République fédérale islamique des Comores et autres pays. Sur la question des délais de distance, voir J. Wambo, ouvrage précité, p. 241 ou encore Ntetika Mbakata Ja, Cour de cassation OHADA, congolais et français annotés, Editions Kapanga, Kinshasa, juin 2016, p. 84.

[71] On relèvera que, devant la CCJA, les délais sont francs (J. Wambo, ouvrage précité, p. 51).

On relèvera également que le délai du recours en cassation court à partir du moment où la partie adverse a reçu la signification de la décision et non pas à partir du moment où elle a eu connaissance de cette décision (CCJA, 3e ch., 19 décembre 2019, n°344/2019).

[72] Le Règlement de procédure envisage comme point de départ du délai la signification ou la notification. Cependant, l'article 24 du Règlement de procédure donne un sens tellement large à la première (« *les significations prévues au présent Règlement sont faites soit par l'envoi postal recommandé avec demande d'avis de réception, messagerie expresse, courrier électronique, télécopieur ou tout autre moyen technique de communication laissant trace, d'une copie de l'acte à signifier, soir par remise de cette copie contre reçu* ») que l'on peut se demander ce qui relève de la seconde.

[73] Il résulte de l'article 25 al 1 du Règlement de procédure que le point de départ du délai de computation est le lendemain du jour de la signification. Voir sur ce point CCJA, 3e ch., 3 avril 2014, n°036/2014 ou encore CCJA, 1ère ch., 21 avril 2016, 056/2016 ; CCJA, 1ère ch., 12 février 2015, n°004/2015.

[74] Il est constant que la régularité de la signification s'apprécie en fonction du droit national. Ainsi, la CCJA a-t-elle jugé : « *la régularité de la signification de l'arrêt déféré à la censure de la Cour doit être appréciée, non pas suivant les prescriptions du Règlement de procédure de la CCJA, mais en application des dispositions pertinentes du droit national de chaque Etat membre* » (CCJA, 2e ch., 29 décembre 2016, n°201/2016).

[75] Articles 611-1 et 979 du CPC, avant le décret n°2008-484 du 22 mai 2008.

l'imposer implicitement puisqu'il énonce que le pourvoi comporte « *mention [...] de la date à laquelle la décision attaquée a été signifiée au requérant* »[76].

Même si certains auteurs semblent estimer le contraire[77], la jurisprudence récente révèle que la CCJA juge recevables les pourvois formés avant signification de la décision attaquée. Dans un arrêt du 4 novembre 2014, l'Assemblée plénière de la Cour l'a affirmé en des

---

[76] La formulation de cet article peut paraître contestable puisqu'elle laisse penser que le requérant ne pourrait pas signifier l'arrêt attaqué – et donc, à supposer (pour les besoins du raisonnement) que la notification soit un préalable obligatoire à l'introduction d'un recours, que la possibilité, pour lui, d'introduire un recours dépendrait du bon vouloir de son adversaire. A dire vrai, cette solution semble tellement absurde qu'elle ne peut que militer en faveur de la thèse selon laquelle la notification n'est pas obligatoire et a pour seule fonction de faire courir le délai de saisine de la CCJA.

[77] Certains travaux énoncent que cette juridiction jugerait des pourvois irrecevables parce qu'ils ont été introduits sans que soit intervenue une signification préalable de la décision attaquée. Ainsi, des auteurs ont énoncé qu'il résultait d'une ordonnance de la CCJA du 18 juin 2012 (CCJA, ordo., 18 juin 2012, n°010/2012) qu'était « *manifestement irrecevable le recours introduit devant la CCJA le même jour que celui du prononcé de l'arrêt déféré, en l'absence de la signification de l'arrêt dont l'expédition doit être obligatoirement jointe à la requête* » (Code OHADA, Juriafrica, édition 2018, p. 106). Cependant, d'une part, l'ordonnance a été rendue avant la modification du Règlement de procédure, intervenue le 30 janvier 2014, modification qui a apporté davantage de souplesse en la matière puisque l'article 28 précité vise, outre la signification de la décision attaquée, sa notification. D'autre part, la lecture de l'ordonnance du 18 juin 2012 révèle que le pourvoi a été déclaré irrecevable parce qu'il avait été formé « *par lettre enregistrée au greffe de la cour d'appel de Bamako* » et non parce que la décision attaquée n'aurait pas été signifiée avant d'être frappée de recours. Ces mêmes travaux énoncent, au sujet d'un arrêt du 11 octobre 2001 (CCJA, 11 octobre 2001, n°004/2001) que « *le défaut de production de certaines pièces, notamment la copie de l'exploit de signification de la décision attaquée et le mandat donné à l'avocat entraîne l'irrecevabilité du recours* » (Code OHADA, Juriafrica, édition 2018, p. 78). Cependant, cette analyse est également discutable. De nouveau, il faut observer que l'arrêt est antérieur à la modification du Règlement de procédure. De plus, si le pourvoi est jugé irrecevable, c'est parce que le défaut de production de la copie de l'exploit de signification « *ne permet pas à la Cour [...] de savoir si le pourvoi a été formé dans le délai légal requis* ». Il n'est donc pas certain que l'irrecevabilité aurait été prononcée si le pourvoi avait été formé rapidement après le prononcé de la décision attaquée, avant sa signification ; le rapprochement des dates de la décision attaquée et de l'introduction du recours aurait permis à la CCJA de s'assurer que le pourvoi avait été formé dans le délai de l'article 28.

termes dénués d'ambiguïté : « *attendu que la jurisprudence de la Cour est constante en ce que le pourvoi est recevable même avant la signification et que l'article 28 du nouveau Règlement admet même la simple notification ; qu'en conséquence ledit recours étant formé conformément aux dispositions de l'article 28 du Règlement de procédure devant la Cour de céans, il y a lieu de le déclarer recevable* »[78]. Depuis[79], la CCJA l'a confirmé à plusieurs reprises : le pourvoi est recevable avant la signification, qui a pour seul objet de faire courir son délai[80].

On ajoutera que le recours doit être déposé au greffe de la CCJA[81] et non à celui de la juridiction nationale qui a rendu la décision attaquée[82].

15. En France, la détermination de la juridiction compétente pour examiner un recours dirigé contre une décision rendue en appel ne pose, le plus souvent, pas de difficulté particulière ; lorsqu'une cour d'appel rend un arrêt, celui-ci ne peut pratiquement[83] faire l'objet que d'un

---

[78] CCJA, Ass.Plén., 4 novembre 2014, n°102/2014.

[79] On relèvera que la CCJA posait les mêmes principes, avant même la modification de son Règlement de procédure. Voir ainsi CCJA, 3e ch., 15 mars 2012, n°026/2012 ou encore CCJA, 1ère ch., 2 mai 2013, n°036/2013.

[80] Voir ainsi CCJA, 3e ch., 9 mars 2017, n°036/2017 : « *attendu [...] que les dispositions de l'article 28 du Règlement de procédure ne font pas de la signification préalable de la décision frappée de pourvoi une condition de recevabilité de ce recours* ». Dans le même sens : CCJA, 1ère ch., 30 mars 2015, n°008/2015 ; CCJA, 3e ch., 2 juin 2016, n°098/2016 ; CCJA, 2e ch., 23 juin 2016, n°117/2016. Sur cette question, voir Ntetika Mbakata Ja, *Mentions de l'acte saisissant la CCJA de l'OHADA en cassation*, Editions Kupanga, juin 2016, p. 76.

[81] Un défendeur à un recours en cassation soutenait que celui-ci était irrecevable parce qu'il avait été porté devant le président de la CCJA et non devant la CCJA elle-même. Celle-ci a jugé que le recours en cassation avait bien été adressé à la CCJA et a donc rejeté l'exception d'irrecevabilité (CCJA, 1ère ch., 17 juillet 2008, n°043/2008). Dans le même sens, voir CCJA, 1ère ch., 30 mars 2015, n°008/2015.

[82] CCJA, 1ère ch., 30 mars 2017, n°56/2017 : « *attendu qu'au sens de l'article 28 alinéa 1 du Règlement de procédure de la Cour de céans, lorsqu'elle est saisie par l'une des parties à l'instance par la voie du recours en cassation, le recours est présenté au greffe de la Cour dans les deux mois de la signification de la décision attaquée* » (voir également CCJA, 2e ch., 25 octobre 2018, n°200/2018).

[83] Il faut également penser à la procédure de l'opposition (article 613 du CPC ; sur les rapports entre opposition et pourvoi en cassation, voir J. et L. Boré, *La cassation en*

pourvoi en cassation, que ce soit devant la Cour de cassation, lorsqu'il s'agit d'une cour d'appel judiciaire, ou devant le Conseil d'Etat, lorsqu'il s'agit d'une cour administrative d'appel.

La situation est différente dans les Etats signataires du Traité OHADA. En effet, lorsqu'une partie a connu un échec devant une cour d'appel nationale, elle peut hésiter entre deux voies : un pourvoi en cassation devant sa juridiction suprême nationale et un recours en cassation devant la CCJA. Tout dépend des questions soulevées par le litige : si celui-ci relevait d'un Acte uniforme, la CCJA est compétente. Si le litige ne relevait pas d'un Acte uniforme, c'est la juridiction suprême nationale qui est compétente.

On peut imaginer qu'une partie hésite entre les deux voies de recours.

Si une partie saisit une juridiction suprême nationale puis la CCJA, il résulte de l'article 16 al 1 du Traité que la saisine de la CCJA « *suspend toute procédure de cassation engagée devant une juridiction nationale contre la décision attaquée* »[84]. Il n'y a lieu ni à irrecevabilité du recours devant la CCJA[85], à condition qu'il ait été formé dans le délai de l'article 28 du Règlement[86], ni même à sursis à statuer[87]. Dès lors, même si la Cour suprême a rendu un arrêt de rejet du pourvoi, ce rejet

matière civile, Dalloz Action, 2015/2016, n°35.81) et à celle de la révision (articles 593 et s. du CPC).

[84] Pour une application de l'article 16, voir par exemple CCJA, 1ère ch., 29 novembre 2018, n°229/2018.

Sur cette question, voir Adjita A. Shamsidine, article précité.

[85] CCJA, 1ère ch., 26 mai 2016, n°095/2016. Dans cette affaire, la défenderesse au pourvoi avait soulevé son irrecevabilité pour cause de litispendance parce que la demanderesse au pourvoi avait formé un pourvoi contre ce même arrêt devant la Cour suprême de Côte d'Ivoire. La CCJA a énoncé : « *il ressort de l'article 16 du Traité OHADA que la saisine de la CCJA suspend toute procédure de cassation engagée devant une juridiction nationale contre la décision attaquée, et que ladite juridiction nationale ne peut reprendre l'examen de la procédure que lorsque la CCJA se sera déclarée incompétente pour connaître de l'affaire ; qu'il s'ensuit que l'exception soulevée par la défenderesse au pourvoi doit être rejetée comme non fondée* ».

[86] Pour un cas d'irrecevabilité, voir CCJA, 8 janvier 2004, n°002/2004. A rapprocher de CCJA, 2e ch., 27 mars 2008, n°008/2008.

[87] CCJA, Ass. Plén., 4 novembre 2014, n°102/2014.

ne lie pas la CCJA qui peut statuer sur le pourvoi dont elle est saisie[88]. En revanche, si la juridiction nationale de cassation avait déjà rendu une décision lorsque la CCJA a été saisie, l'article 16 du Traité ne doit pas s'appliquer et le pourvoi formé devant la CCJA est irrecevable89. Cette dernière solution appelle deux observations. D'une part, elle pourrait inciter une juridiction de cassation nationale, consciente de ce que le litige pourrait relever de la CCJA, à statuer rapidement afin d'avoir, en quelque sorte, le dernier mot. On observera que, par la suite, aucune partie ne pourrait se fonder sur l'article 18 du Traité pour essayer de remettre en cause la décision rendue par la juridiction nationale de cassation, faute d'avoir préalablement soulevé cette incompétence. D'autre part, l'hypothèse se présentera rarement car la recevabilité du pourvoi se heurtera non seulement à un problème d'autorité de la chose jugée attachée à la décision de la juridiction nationale de cassation mais également à un problème de délai de saisine de la CCJA.

L'article 16 évite tout risque de contrariété entre une décision d'une juridiction suprême nationale et une décision de la CCJA[90].

Si, à l'inverse, une partie saisit la CCJA puis une juridiction suprême nationale, on peut déduire de l'article 16 al 1 précité que la juridiction nationale ne doit pas instruire le dossier tant que la CCJA ne s'est pas déclarée incompétente[91].

---

[88] CCJA, 1ère ch., 30 juin 2009, n°039/2009. Dans cette affaire, la saisine de la CCJA était antérieure au rejet du pourvoi.

[89] CCJA, 2e ch., 8 décembre 2016, n°176/2016 : « *que, vidant son délibéré, ladite Cour d'appel [en réalité, Cour suprême] dont l'incompétence n'a pas été soulevée a, par arrêt n°647/10 du 34 novembre 2010, déclaré irrecevable le pourvoi formé par sieur [X] et autres ; que, dès lors, l'hypothèse de la saisine concurrente de la Cour de céans prévue à l'article 16 du Traité de l'OHADA ne peut être invoquée ; qu'il échet de déclarer irrecevable le pourvoi formé pour autorité de la chose jugée* ».

[90] Voir sur ce point J. Wambo, ouvrage précité, p. 18.

[91] Ainsi, dans une affaire où une partie avait formé un pourvoi devant la CCJA avant de saisir une juridiction de cassation nationale, la CCJA a énoncé : « *qu'il incombait par conséquent à la Cour suprême de Côte d'Ivoire de suspendre l'examen du pourvoi en cassation engagé devant elle jusqu'à ce que la Cour de céans se prononce sur le présent recours* » (CCJA, 1ère ch., 30 juin 2009, n°039/2009). On pourrait également citer un autre arrêt dans lequel la CCJA a affirmé : « *il ressort de l'analyse de l'article 16 sus énoncé du Traité susvisé que [...] la saisine de la [CCJA] suspend toute procédure de cassation engagée devant une juridiction nationale contre la décision*

On relèvera que le recours en cassation est en principe[92] irrecevable, en l'état, contre les arrêts avant dire droit[93].

16. Si l'on poursuit la lecture de l'article 28, on constate que le recours doit contenir « *les conclusions du requérant et les moyens invoqués à l'appui de ces conclusions* » ; le recours doit être motivé[94]. Il faut d'ailleurs observer que les arrêts rendus par la CCJA visent systématiquement les « *moyens de cassation tels qu'ils figurent à la requête annexée au présent arrêt* »[95].

Le recours en cassation devant la CCJA se distingue sur ce point du pourvoi devant la Cour de cassation qui n'a pas à être motivé. En revanche, le recours en cassation présente une certaine similitude devant la CCJA et devant le Conseil d'Etat français puisque, dans les deux cas, il doit être motivé[96]. Cependant, l'exigence de motivation

---

attaquée, même si la saisine de la juridiction nationale est antérieure à celle de la [CCJA] » (CCJA, 1ère ch., 26 octobre 2006, n°017/2006). L'emploi des termes « *même si* » indique qu'il en irait également ainsi, *a fortiori*, si la saisine de la CCJA était antérieure à celle d'une juridiction de cassation nationale.

[92] Voir notamment CCJA, 1ère ch., 28 novembre 2019, n°279/2019.

[93] CCJA, 2e ch., 17 août 2012, n°072/2012 : « *attendu qu'il est de principe que les décisions rendues en dernier ressort qui, sans trancher dans leur dispositif une partie du principal, ordonnent une mesure d'instruction ou une mesure provisoire, ne peuvent être frappées de pourvoi en cassation indépendamment des décisions sur le fond que dans les cas spécifiés par la loi* » avant de juger que, l'arrêt attaqué s'étant borné à ordonner une expertise comptable, le pourvoi ne tranchait rien quant au principal et devait être déclaré irrecevable. Voir également CCJA, 3e ch., 23 novembre 2017, n°216/2017. La solution consacrée par la CCJA rejoint la jurisprudence de la Cour de cassation française, en application des articles 606 et 608 du CPC (J. et L. Boré, ouvrage précité, n°34.51).

[94] Ainsi, la CCJA a jugé que, du fait qu'une demanderesse à un pourvoi n'avait pas invoqué de moyen de cassation, « *le pourvoi, formé en violation des dispositions de l'article 28 [du Règlement de procédure devait] être déclaré irrecevable* » (CCJA, 1ère ch., 18 mars 2016, n°042/2016).

[95] Parmi une multitude d'arrêts, voir CCJA, 8 janvier 2004, n°002/2004 ; CCJA, 1ère ch., 26 octobre 2006, n°017/2006 ; CCJA, 1ère ch., 30 juin 2009, n°039/2009.

[96] Certains pays d'Afrique imposent que la déclaration de pourvoi soit motivée. Ainsi, en Guinée, la requête doit « *contenir un exposé sommaire des faits et moyens ainsi que les conclusions* » (article 56 de la loi organique du 23 décembre 1991 portant attributions, organisation et fonctionnement de la Cour suprême de la République de la Guinée). Au Gabon, l'article 554 du CPC dispose que « *la requête [...] doit contenir [...] l'énonciation sommaire des moyens de droit et des pièces dont le demandeur*

devant le Conseil d'Etat doit être relativisée. En effet, les moyens soulevés à l'appui de la requête peuvent être complétés, précisés ou abandonnés au stade du mémoire complémentaire. Ainsi, si le pourvoi en cassation devant le Conseil d'Etat doit incontestablement être motivé, cette exigence est, dans une certaine mesure, formelle et certains militent pour l'abandonner.

L'exigence de motivation du recours en cassation qu'impose le Règlement de procédure de la CCJA est plus forte. La lecture de l'article 28 précité à la lumière de l'article 30 permet d'éclairer la portée de cette exigence.

Après avoir précisé le régime du recours en cassation aux articles 28, 28 bis, 28 ter et 29, le Règlement de procédure de la CCJA se réfère au mémoire en défense. L'article 30 précise ainsi que « *toute partie à la procédure devant la juridiction nationale peut présenter un mémoire en réponse dans un délai de trois mois à compter de la signification du recours* »[97].

Le silence de ce Règlement est instructif. Il n'est fait aucune référence à un éventuel mémoire du demandeur au pourvoi qui suivrait son recours et précèderait le ou les mémoires en défense. Cela signifie que l'ensemble des moyens soulevés par le demandeur doivent apparaître dans le recours lui-même et que celui-ci n'a pas à être complété par un mémoire. On voit là toute la différence avec le droit français où les moyens sont développés dans le mémoire ampliatif[98] ou le mémoire complémentaire[99] qui suit le pourvoi.

L'article 31 du Règlement de procédure précise que « *le recours et le mémoire en réponse peuvent être complétés par un mémoire en réplique et un mémoire en duplique ou par tout autre mémoire lorsque le Président, soit d'office, soit à la suite d'une demande présentée en ce sens dans un délai de quinze jours à compter de la signification du mémoire en réponse ou en réplique, le juge nécessaire et l'autorise*

---

entend faire état ». D'autres pays d'Afrique ont fait un choix différent. Ainsi, les textes de droit béninois n'imposent pas que le pourvoi soit motivé.

[97] Le délai du mémoire en défense court donc du dépôt du recours adverse et non, du dépôt d'un éventuel mémoire à l'appui de ce recours.

[98] Selon l'expression généralement utilisée devant la Cour de cassation.

[99] Selon l'expression généralement utilisée devant le Conseil d'Etat.

expressément ». Cet article se réfère au recours et au mémoire en réponse, ce qui confirme qu'aucun mémoire n'est en principe déposé par le demandeur au recours en cassation entre les deux.

On a vu[100] que l'article 28 imposait que le recours soit introduit dans un délai de deux mois et qu'il soit motivé. Si l'on compare à la procédure devant la Cour de cassation française, il s'agit d'un délai très bref. Certes, devant cette juridiction, le délai du pourvoi est de deux mois[101] mais la déclaration de pourvoi n'a pas à être motivée. Les moyens de cassation n'apparaissent que dans le cadre du mémoire ampliatif, qui doit être déposé dans un délai de quatre mois après la déclaration de pourvoi. Autrement dit, devant le juge judiciaire français, le demandeur au pourvoi dispose en principe d'un délai de six mois[102], à compter du point de départ du délai du pourvoi, pour faire connaître ses moyens de cassation. La situation est comparable devant le Conseil d'Etat, juge de cassation, puisque la partie qui saisit la haute juridiction administrative dispose en principe d'un délai de cinq mois[103], à compter du point de départ du délai du pourvoi, pour faire connaître ses moyens.

Il apparaît ainsi que la partie qui saisit la CCJA doit agir très rapidement. Dès lors, la partie qui a obtenu gain de cause devant une juridiction nationale dans une matière relevant d'un Acte uniforme a tout intérêt à signifier très rapidement la décision susceptible d'être soumise au contrôle de la CCJA[104].

B) L'instruction du pourvoi devant la CCJA

17. Seront d'abord étudiés les mémoires des parties (1) puis la rédaction des arrêts (2).

---

[100] Voir *supra* n°14.

[101] Article 612 du CPC.

[102] Délai du pourvoi (2 mois) + délai du mémoire ampliatif (4 mois), en vertu des articles 612 et 978 du CPC.

[103] Délai du pourvoi (2 mois) + délai du mémoire complémentaire (3 mois), en vertu des articles R. 821-1 et R. 611-22 du CJA.

[104] Il faut toutefois observer que cette partie peut rencontrer des difficultés pratiques pour obtenir une communication des motifs de l'arrêt. Cela risque donc de la ralentir (de quelques semaines, voire de quelques mois) dans la signification de cette décision puisque, naturellement, aucune signification régulière ne saurait intervenir en l'absence de décision motivée.

1) Les mémoires des parties

18. On présentera des observations relatives au régime de dépôt des mémoires (a) puis à leur contenu (b).

a) Le régime de dépôt des mémoires

19. Il résulte donc de la combinaison des articles 28 et 30 du Règlement de procédure que le dépôt d'un mémoire venant compléter le recours n'est certainement pas obligatoire.

Il reste à déterminer si un tel dépôt est possible. La CCJA a précisé que des moyens nouveaux, soulevés dans le cadre d'un mémoire complémentaire, après le délai de deux mois, étaient irrecevables. L'irrecevabilité semble ne concerner que les moyens nouveaux et non le mémoire complémentaire en lui-même. *A contrario*, cela semble signifier qu'une partie peut, spontanément, déposer un mémoire complémentaire, à condition qu'il ne contienne pas de moyen nouveau développé après le délai de deux mois de l'article 28 du Règlement de procédure[105].

---

[105] CCJA, 1ère ch., 17 juillet 2008, n°43/2008 : « *attendu en l'espèce, qu'après avoir introduit un recours en cassation reçu le 30 mai 2017 à la Cour de céans, et invoquant un moyen unique de cassation tiré de la violation de l'article 13, alinéa 2 de l'Acte uniforme relatif au droit de l'Arbitrage, Monsieur [X] a, dans un « mémoire complétif et en réplique » reçu le 18 janvier 2008 à la Cour de céans, déclaré présenter deux autres moyens de cassation tirés de la violation des dispositions des articles 4 de l'Acte uniforme relatif au droit de l'arbitrage et 23 du Traité du 17 octobre 1993 relatif à l'harmonisation du droit des affaires en Afrique ; que ces deux moyens ayant été présentés le 18 janvier 2008, soit plus de sept mois après la signification en date du 25 mai 2005, de l'arrêt attaqué, il y a lieu de les déclarer irrecevables pour avoir été formulés largement au-delà du délai de deux mois prévus à l'article 28.1 susénoncé du Règlement de procédure susvisé* ». Une interprétation *a contrario* de cet arrêt laisse penser que non seulement il est possible de déposer un mémoire complémentaire mais qu'un tel mémoire peut contenir un moyen nouveau s'il a été déposé dans le délai de deux mois. En pratique, la question ne se présente sans doute que rarement car cela suppose que, dans le délai de l'article 28, le demandeur au pourvoi ait déjà déposé un pourvoi et qu'il entende déposer à son appui un mémoire complémentaire. Voir également CCJA, 2ème ch., 8 décembre 2011, arrêt n°034/2011 ou encore CCJA, 1ère ch., 29 novembre 2018, n°240/2018.

Mais le dépôt d'un mémoire complémentaire ne résulte pas nécessairement d'une initiative spontanée du demandeur au pourvoi. Elle peut faire suite à une demande de régularisation émanant du juge rapporteur, en application de l'article 28.6 du Règlement de procédure. Ainsi, par un arrêt du 29 octobre 2015, la CCJA a déclaré un pourvoi irrecevable parce que le demandeur au pourvoi n'avait pas donné suite à une demande de production d'un mémoire, en vue de la régularisation du pourvoi[106].

20. On a vu que l'article 30 du Règlement de procédure précisait que « *toute partie à la procédure devant la juridiction nationale peut*[107] *présenter un mémoire en réponse dans un délai de trois mois*[108] *à*

On peut également se référer à un arrêt de 2017 dans lequel la CCJA a jugé qu'un moyen était irrecevable non pas parce qu'il figurait dans un mémoire à l'appui du recours en cassation mais parce qu'il n'invoquait pas la violation d'un Acte uniforme ou d'un Règlement (CCJA, 3e ch., 30 mars 2017, n°078/2017).

[106] CCJA, 1ère ch., 29 octobre 2015, n°125/2015. Après avoir visé l'article 28 al 6 du Règlement de procédure, la CCJA a énoncé : « *attendu que suivant correspondance [...] du 26 juillet 2015, reçue le 20 août 2015 par Maître [X], conseil de la SRC, demanderesse au pourvoi, le Greffier en chef de la Cour de céans a invité la SRC à régulariser son recours dans le délai de 15 jours pour compter de la réception de ladite correspondance, par la production de son mémoire ampliatif principal ; que la SRC n'a pas à ce jour donné suite à cette demande ; attendu que la pièce réclamée, qui contient normalement les moyens du pourvoi, apparaît indispensable au jugement de celui-ci ; que le défaut de diligence de la demanderesse met la Cour dans l'impossibilité de statuer sur son recours ; qu'il échet dès lors de déclarer ledit recours irrecevable* ». Il peut sembler surprenant que la CCJA se réfère à « *la pièce réclamée, qui contient normalement les moyens du pourvoi* ». La lecture du Règlement de procédure de la CCJA laisse plutôt penser que c'est le recours lui-même qui comprend les moyens de cassation. Il faut cependant observer que, dans cet arrêt, la CCJA a été saisie en application de l'article 15 du Traité et que l'article 28 du Règlement de procédure ne vise que l'article 14 du Traité, et non l'article 15.

[107] Il est constant que le défendeur n'est pas tenu de déposer un mémoire et que la CCJA peut statuer en l'absence d'un tel mémoire (CCJA, 1ère ch., 24 février 2005, n°12/2005 ; CCJA, 2e ch., 26 février 2009, n°011/2009 ; CCJA, 2e ch., 18 mai 2017, n°128/2017).

[108] On relèvera que le délai visé à l'article 30 précité peut faire l'objet d'une prorogation (voir sur ce point CCJA, 1ère ch., 24 février 2005, n°012/2005 ; CCJA, Ass. Plén, 23 avril 2014, n°043/2014, analysé par J. Wambo, ouvrage précité, p. 52). Dans cette affaire, un défendeur avait écrit au Président de la CCJA pour solliciter une prorogation de délai, prorogation qui lui a été accordée, de sorte que son mémoire en défense a été jugé recevable. La possibilité de demander une prorogation du délai de

compter de la signification du recours ». Au sujet du mémoire en réponse, l'article 30 énonce qu'il comporte les « *moyens invoqués* ». Il semble qu'il s'agisse des moyens de défense.

Même si le Règlement de procédure est silencieux sur ce point, il résulte de la jurisprudence de la CCJA que le défendeur au pourvoi principal peut frapper l'arrêt d'un pourvoi incident[109].

21. Il a été relevé[110] que l'article 31 du Règlement de procédure envisageait le dépôt d'un mémoire en réplique ou en duplique. Cependant, la possibilité de déposer un tel mémoire est subordonnée à une autorisation du Président lorsque celui-ci juge un tel dépôt nécessaire[111].

Un auteur souligne, à juste titre, que la multiplication des écritures n'est guère utile devant la CCJA[112]. Il en est de même devant les juges de cassation français ; à ce stade de la procédure, le débat est parfaitement circonscrit et il ne peut pas évoluer de la même façon que devant un juge du fond.

22. Ainsi, le Règlement de procédure de la CCJA prévoit le régime du recours et des mémoires. On peut se demander quelle est la sanction de l'inobservation de ces règles relatives aux délais. L'article 28 du

---

dépôt du mémoire ampliatif ne se pose pas puisque, on l'a vu (*supra* n°16), le Règlement de procédure ne vise pas ce type de mémoire.

[109] Voir, par exemple CCJA, 2e ch., 22 mars 2012, n°032/2012 ; CCJA, Ass. Plén., 27 avril 2015, n°039/2015 ; CCJA, 2e ch., 23 mars 2017, n°049/2017 ; CCJA, 2e ch., 15 mars 2018, n°64/2018. Sur cette question, voir J. Wambo, ouvrage précité, p. 91 et suivants.

On peut se demander si l'article 44 du Règlement de procédure, en se référant à une possible demande reconventionnelle du défendeur, ne consacre pas implicitement la pratique du pourvoi incident.

[110] Voir *supra* n°16.

[111] J. Wambo, ouvrage précité, p. 93.

[112] J. Wambo, « L'efficacité opérationnelle de la Cour commune de justice et d'arbitrage de l'OHADA dans le traitement des procédures contentieuses », Recueil LGA 2019, n°30 : « *on peut [...] s'interroger que l'opportunité des échanges entre le greffe de la Cour et les parties entre elles qui revêtent les apparences d'un jeu de ping-pong lorsqu'on sait que le dossier qui arrive à la Cour a déjà été suffisamment instruit dans les précédentes instances et ne recèle pratiquement rien de nouveau, tout chose qui rend inutile une nouvelle et interminable instruction* ».

Règlement de procédure énonce expressément qu'un pourvoi tardif est irrecevable. La question ne se pose pas pour le mémoire ampliatif puisque le Règlement de procédure ne s'y réfère pas[113]. Enfin, le mémoire en défense tardif est irrecevable[114]. Mais la pratique devant la Cour de cassation française montre que le dépôt d'un mémoire en défense irrecevable comme tardif n'empêche pas nécessairement les magistrats d'en avoir connaissance[115].

b) Le contenu des mémoires

23. On l'a vu[116], pour apprécier sa compétence, la CCJA se réfère, en principe, au fond de l'affaire, et non aux moyens des parties.

Cependant, il convient de rapprocher l'article 14 du Traité, qui concerne la question de la compétence de la CCJA, de l'article 28 du Règlement de procédure, qui impose que « *le Recours indique les Actes uniformes ou les Règlements prévus par le Traité dont l'application dans l'affaire justifie la saisine de la Cour* ». La CCJA a fait de multiples applications de cet article[117].

---

[113] Voir *supra* n°16.

[114] CCJA, Ass. Plén, 23 avril 2014, n°043/2014.

[115] Mais, dans ce cas, un éventuel pourvoi incident serait irrecevable.

[116] Voir *supra* n°6.

[117] Voir notamment CCJA, 26 décembre 2002, n°022/2002 ; CCJA, 3e ch., 6 décembre 2011, n°030/2011 ; CCJA, Ass Plén, 11 novembre 2014, n°124/2014 ; CCJA, Ass Plén, 27 avril 2015, n°046/2015 ; CCJA, 1ère ch., 29 février 2016, 034/2016 ; CCJA, 1ère ch., 18 mars 2016, n°045/2016 ; CCJA, 3e ch., 30 mars 2017, n°078/2017.
CCJA, 3e ch., 30 mars 2017, n°067/2017. La CCJA a commencé par rappeler la substance de l'article 28 avant de juger : « *en l'espèce, le pourvoi n'indique aucun Acte uniforme ou Règlement, il invoque le seul moyen de cassation fondé sur le défaut de base légale ; qu'en conséquence, il y a lieu de déclarer le pourvoi irrecevable* ». Nous n'avons pas eu connaissance du contenu du moyen rédigé par le demandeur au pourvoi. Cependant, devant la Cour de cassation française, le grief de défaut de base légale est rédigé au visa d'un texte de fond de sorte que, si l'on transpose ce principe au cas d'espèce, le demandeur au pourvoi aurait dû formuler son grief au visa d'un Acte uniforme ou d'un Règlement (à moins qu'il ait soutenu que la cour d'appel avait privé son arrêt de base légale dans l'application d'un texte de droit interne). Compte tenu du fait que, dans le litige qui a donné lieu à l'arrêt précité du 30 mars 2017, le demandeur au pourvoi avait saisi, à tort, une juridiction suprême nationale qui avait renvoyé l'affaire à la CCJA, il ne serait guère surprenant qu'il n'ait pas visé d'Acte uniforme ou de Règlement. On peut d'ailleurs penser que l'exigence posée à l'article 28 du Règlement de procédure risque de se révéler particulièrement sévère en cas de

Il n'existe pas de contradiction entre ces deux dispositions : si les moyens présentés par les parties ne sont pas pris en compte au stade de l'examen de la compétence de la CCJA, ils doivent néanmoins être formulés dans le cadre de la procédure. Dès lors, si, en l'absence de moyen invoquant la violation d'un Acte uniforme ou d'un Règlement, la CCJA peut juger qu'elle est compétente, elle doit nécessairement rejeter le pourvoi, en application de l'article 28 du Règlement de procédure[118].

Une première analyse pourrait laisser penser que la rédaction de l'article 28 du Règlement de procédure s'impose avec la force de l'évidence ; la CCJA étant la juridiction suprême en matière de droit OHADA, il semble naturel que le « recourant »[119] invoque, devant elle, la violation d'un Acte uniforme ou d'un Règlement.

Cependant, à la réflexion, la rédaction retenue est peut-être discutable. En effet, il peut exister des hypothèses dans lesquelles la saisine de la CCJA est envisageable, sans qu'il y ait vraiment lieu à application d'un Acte uniforme ou d'un Règlement prévu par le Traité. On peut ainsi imaginer un arrêt insuffisamment motivé rendu par une cour d'appel, dans un domaine relevant d'un Acte uniforme. Compte tenu de la rédaction de l'article 14 du Traité et de la matière du litige, la CCJA semble compétente pour connaître du recours dirigé contre cet arrêt. Cependant, si le seul grief qui peut être formulé concerne l'insuffisance de motivation de l'arrêt attaqué, il n'y a pas vraiment lieu, dans le cadre du recours de viser un Acte uniforme ou un Règlement ; la saisine de la Cour est justifiée non par la mauvaise application d'un tel Acte mais par un défaut de motivation. Et on imagine *a priori* mal que, dans un domaine relevant du droit OHADA, la CCJA refuse de sanctionner un arrêt insuffisamment motivé.

---

saisine de la CCJA sur renvoi d'une juridiction suprême, en application de l'article 15 du Traité.

[118] Tel était le cas dans l'arrêt précité du 27 avril 2015.
Un arrêt de la CCJA aurait pu illustrer cette idée. En effet, dans un arrêt du 24 avril 2008, la CCJA a jugé qu'elle était compétente, même si le demandeur au pourvoi n'invoquait aucune violation d'un Acte uniforme. On pouvait se demander comment allait statuer la CCJA, au regard des exigences de l'article 28 (CCJA, 1ère ch., 24 avril 2008, arrêt n°016/2008, notamment analysé par J. Wambo, ouvrage précité, p. 33). Cependant, la lecture de l'arrêt est décevante puisque, les parties ayant transigé, la CCJA a jugé que le pourvoi était devenu « *sans objet* ».

[119] Selon l'expression régulièrement utilisée par la CCJA (voir, par exemple, CCJA, 2e ch., 26 janvier 2017, n°05/2017).

L'hypothèse s'est déjà présentée. Ainsi, dans le cadre d'un recours devant la CCJA, une partie avait soulevé trois moyens de cassation : l'un invoquant une violation du droit camerounais, et deux qui concernaient la motivation. Faisant une application rigoureuse de l'article 28 du Règlement de procédure, la CCJA a jugé la requête irrecevable : « *attendu que la société AES SONEL SA invoque au soutien de son pourvoi trois moyens de cassation, le premier fondé sur la violation des articles 1382 et 1142 du code civil, le deuxième sur l'insuffisance ou l'absence de motif, et le troisième « pris du motif dubitatif » ; que le recours n'étant ainsi fondé sur la violation d'aucun Acte uniforme ou règlement prévu par le Traité, il échet de le déclarer irrecevable* »[120].

En statuant ainsi, la CCJA a fait une application rigoureuse[121] de l'article 28 précité. On voit néanmoins mal comment il peut être reproché à une partie de ne pas avoir visé un Acte uniforme ou un Règlement quand son recours soulevait exclusivement un grief relatif à la motivation[122].

Cette jurisprudence appelle deux observations : l'une relative à l'avocat du recourant, l'autre à l'office de la CCJA.

Première observation : la solution consacrée dans l'arrêt précité du 21 avril 2016 pourrait conduire à faire dépendre la compétence de la CCJA de la volonté de l'avocat du recourant.

Dans cet arrêt, il semble que la CCJA se soit estimée incompétente parce que le moyen ne visait pas un Acte uniforme[123]. Or,

---

[120] CCJA, 1ère ch., 21 avril 2016, n°059/2016.

[121] On peut se demander si cette rigueur ne confine pas au rigorisme.

[122] Sauf à supposer que les deuxièmes et troisièmes moyens de cassation portaient sur la motivation de la cour d'appel dans l'application du droit interne.

[123] Qu'en aurait-il été si, plutôt que de se référer à la rédaction du moyen de cassation, la CCJA s'était référée au contenu de ce moyen ? Autrement dit la solution retenue par la CCJA serait-elle plus satisfaisante si celle-ci s'estimait incompétente pour tous les moyens relatifs à la motivation quelle que la soit la rédaction de ces moyens ? Si la CCJA adoptait une telle position, cela présenterait l'avantage de ne pas faire dépendre la juridiction compétente de la rédaction du moyen de cassation adoptée par l'avocat du recourant. Mais, pour autant, une telle position ne nous semblerait pas

il est facile à l'avocat du recourant d'adapter la rédaction de son moyen de cassation. Ainsi, lorsque l'arrêt attaqué est insuffisamment motivé, il peut, comme dans le pourvoi qui a abouti à l'arrêt du 21 avril 2016, viser la simple insuffisance de motifs. Mais il peut également énoncer que la cour d'appel a privé sa décision de base légale au regard de tel ou tel article d'un Acte uniforme ou d'un Règlement. Autrement dit, une critique à peu près équivalente peut être présentée sous deux angles différents, l'un au visa d'un texte relatif à la motivation, l'autre au visa d'un texte de fond[124]. Il en résulte que, si l'on poursuit le raisonnement adopté par la CCJA dans son arrêt du 21 avril 2016, l'avocat du recourant, lorsqu'il présente uniquement des griefs relatifs à la motivation de l'arrêt, pourrait, en adaptant telle ou telle rédaction de son moyen, choisir le juge de cassation compétent (CCJA ou juge de cassation national). Cette forme de *forum shopping* ne semble guère satisfaisante.

Deuxième observation : on a du mal à imaginer que le contrôle disciplinaire, dont relève celui de la motivation[125], puisse échapper à l'office de la CCJA.

---

satisfaisante car elle reviendrait à faire dépendre le juge de cassation compétent (juge de cassation national ou CCJA) du contenu des motifs aux termes desquels le juge du fond national a statué.

On peut imaginer qu'une cour d'appel, saisie d'un litige relevant du droit OHADA, statue ainsi, en quelques mots : « *la demande étant infondée, elle sera rejetée* ». Un tel arrêt n'est certainement pas satisfaisant car il méconnaît les exigences en matière de motivation. Mais il ne comprend aucune erreur de droit, aucune violation d'un Acte uniforme ou d'un Règlement. Selon une application rigoureuse de l'article 28 précité du Règlement de procédure, comme dans l'arrêt du 21 avril 2016, cet arrêt doit échapper au contrôle de la CCJA. Comme on imagine mal qu'une décision rendue en dernier ressort par un juge du fond échappe à tout contrôle de cassation, il faut déduire de l'incompétence de la CCJA la compétence de la juridiction de cassation nationale. Cependant, on a vu que la CCJA était compétente lorsque *« l'affaire qui a donné lieu à la décision attaquée soulève des questions relatives à l'application des Actes uniformes ou des Règlements »*. Dès lors, la compétence de la juridiction de cassation nationale semble très contestable.

[124] Devant la Cour de cassation française, les moyens invoquant une violation de l'article 455 du CPC sont parfois très proches de ceux qui invoquent un défaut de base légale (au visa d'un texte de fond).

[125] J. et L. Boré, ouvrage précité, n°01.94.

Certains auteurs soutiennent pourtant que le contrôle disciplinaire relèverait exclusivement des juridictions de cassation nationales[126]. Cette idée, *a priori* séduisante, se heurte à deux obstacles.

D'une part, on voit mal comment, en pratique, le contrôle disciplinaire pourrait relever des juridictions nationales et le contrôle normatif de la CCJA. A supposer qu'un recours en cassation soulève un moyen relevant du contrôle normatif et un autre relevant du contrôle disciplinaire, le contrôle de la décision attaquée relèverait-il de la CCJA, pour le premier moyen et d'une juridiction de cassation nationale, pour le second ? Cela semble difficilement envisageable.

D'autre part et surtout, l'article 28 bis du Règlement de procédure prévoit, parmi les cas d'ouverture qui peuvent être soulevés devant la CCJA « *le défaut, l'insuffisance ou la contrariété de motifs* ». Il résulte ainsi clairement du Règlement de procédure que le contrôle disciplinaire relève de la CCJA.

Par conséquent, dès lors que le Règlement de procédure prévoit que la CCJA peut exercer un contrôle disciplinaire, on ne voit ni comment les juridictions de cassation nationales pourraient l'exercer ni comment la CCJA pourrait décliner sa compétence au seul motif que le moyen dont elle est saisie n'invoque pas la violation d'un Acte uniforme. Peut-être serait-il possible de modifier l'article 28 du Règlement de procédure en réservant l'hypothèse du contrôle disciplinaire.

24. Le Règlement de procédure ne comporte aucune disposition relative à la présentation des mémoires. Cependant, il semble exister une grande similarité entre les mémoires présentés devant les deux juges de cassation français et devant la CCJA : le rappel des faits et de la procédure précède la présentation des moyens de cassation et de la discussion qui vient à leur appui et le dispositif des écritures[127].

---

[126] H. Bouka (Premier président de la Cour suprême de la République du Congo), Regards croisés entre la CCJA et les juridictions suprêmes nationales, Colloque « L'OHADA en marche », Brazzaville, février 2020.

[127] J. Wambo, ouvrage précité, p. 42 et s.

25. De même, la formulation du moyen de cassation devant la CCJA rappelle largement celle qui se pratique devant la Cour de cassation française puisque le moyen semble généralement divisé en trois parties : une première partie qui vise le chef de dispositif attaqué, une deuxième qui rappelle les motifs critiqués et une troisième qui énonce la critique[128].

26. L'article 28 bis du Règlement de procédure[129] dispose :
« *Le recours en cassation est fondé sur :*

- *la violation de la loi ;*
- *l'incompétence et l'excès de pouvoir ;*
- *la violation des formes prescrites par la loi à peine de nullité ;*
- *le défaut, l'insuffisance ou la contrariété des motifs ;*
- *l'omission ou le refus de répondre à des chefs de demandes ;*
- *la dénaturation des faits de la cause ou des pièces de la procédure ;*
- *le manque de base légale ;*
- *la perte de fondement juridique ;*
- *le fait de statuer sur une chose non demandée ou d'attribuer une chose au-delà de ce qui a été demandé* ».

---

[128] J. Wambo, ouvrage précité, p. 46.
Le moyen est divisé en branches, comme devant la Cour de cassation française. Voir, par exemple, CCJA, 1ère ch., 30 mars 2015, n°008/2015 ou encore CCJA, 3e ch., 2 juin 2016, n°098/2016.

[129] Il s'agit d'un nouvel article, issu du Règlement du 30 janvier 2014.
Avant le Règlement de 2014, la CCJA avait relevé que, puisque son Règlement de procédure n'avait pas prévu les cas d'ouverture à cassation, il convenait de se référer aux dispositions du droit national. CCJA, 2e ch., 25 juillet 2013, n°059/2013. Sur cette question, voir J. Issa-Sayegh, « La fonction juridictionnelle de la Cour commune de justice et d'arbitrage de l'organisation pour l'harmonisation en Afrique du droit des affaires », in Mélanges offerts au doyen Roger Decottignies, Presses universitaires de Grenoble, 2003 ; Eugène Assepo Assi, « *La cour commune de justice et d'arbitrage de l'OHADA : un troisième degré de juridiction ?* », RIDC 2005, p. 943 et s., spéc p. 948.

Le moins que l'on puisse dire est que celui qui est familier des cas d'ouverture devant la Cour de cassation n'est pas dépaysé lorsqu'il découvre ceux pouvant être invoqués devant la CCJA[130].

Certes, les cas d'ouverture énumérés à l'article 28 bis précité sont nombreux tandis que l'article 604 du CPC vise un cas unique. On rappellera en effet que cet article dispose que « *le pourvoi en cassation tend à faire censurer par la Cour de cassation la non-conformité du jugement qu'il attaque aux règles de droit* ». Devant la Cour de cassation française, les cas d'ouverture ne sont pas énumérés de façon exhaustive par les textes mais déterminés par la jurisprudence[131].

Sur ce point, l'article 28 bis est plus complet et précis que l'article 604 du CPC. Il n'est pas impossible que le revers de la médaille de cette précision soit un manque de souplesse. La Cour de cassation a su faire évoluer son contrôle en créant de nouveaux cas d'ouverture, par exemple le contrôle de la dénaturation. Il appartiendra à la CCJA, qui est encore relativement jeune, de montrer ses capacités d'adaptation à travers la création d'éventuels nouveaux cas d'ouverture[132].

---

[130] La même réflexion pourrait être faite au sujet de bon nombre de pays d'Afrique francophone. Pour la Côte d'Ivoire, voir Eugène Assepo Assi, article précité, p. 943 et s., spéc p. 948. Pour le Bénin, voir L. Poulet, « *La cassation ici et ailleurs : l'exemple du Bénin* », Justice et cassation, Dalloz 2017.

[131] Sur cette question, voir J. et L. Boré, ouvrage précité, n°70.01. Les auteurs observent que « *la Cour de cassation est maîtresse de ses cas d'ouverture* ».
On observera que d'autres législateurs ont énuméré plus précisément les cas d'ouverture à cassation. C'est notamment le cas du Cameroun (article 35 de la loi n°2006/016 du 29 décembre 2006).

[132] Voir sur ce point J. Wambo, ouvrage précité, p. 67.
Par un arrêt du 28 novembre 2019, la CCJA a énoncé : « *attendu que les cas d'ouverture à cassation sont limitativement fixés par le Règlement de procédure de la Cour de céans, en son article 28 bis ; qu'aux termes de l'article 28 ter dudit Règlement de procédure, un moyen de cassation ou un élément du moyen de cassation doit mettre en œuvre au moins un des cas d'ouverture édictés à l'article 28 bis suscité, à peine d'irrecevabilité ; qu'en l'espèce, le moyen unique tiré de la « contrariété des décisions » ne remplit pas les conditions sus-énoncées ; qu'il échet de le déclarer irrecevable* » (CCJA, 3e ch., 28 novembre 2019, n°305/2019 ; déjà, dans un précédent arrêt du 7 mars 2019, n°042/2019, la deuxième chambre de la CCJA avait énoncé que les « *cas d'ouverture du pourvoi en cassation [étaient] limitativement énumérés par l'article 28 du Règlement de procédure de la CCJA* »). Il n'est donc pas certain que la CCJA puisse faire évoluer son contrôle, indépendamment d'une modification de son Règlement de procédure.

27. La lecture de l'article 28 bis précité appelle quelques observations.

Il n'est pas question, ici, de reprendre un à un les cas d'ouverture énumérés à l'article 28 bis mais certains méritent néanmoins l'attention.

La violation de la loi est le cas d'ouverture le plus emblématique du contrôle de cassation. On comprend donc pourquoi il s'agit du premier des cas d'ouverture visés à l'article 28 bis. En France, on distingue traditionnellement le refus d'application de la fausse interprétation et de la fausse application[133]. Même si ces distinctions n'apparaissent pas explicitement dans le Règlement de procédure, on peut penser que ces différentes formes de violation de la loi peuvent être sanctionnées par la CCJA[134].

On relèvera que sont mentionnés comme cas d'ouverture, d'une part, « *le défaut, l'insuffisance ou la contrariété des motifs* » et, d'autre part, « *le manque de base légale* ». Le premier de ces cas d'ouverture semble faire écho aux griefs qui peuvent être formulés devant la Cour de cassation française au visa de l'article 455 du CPC. Le second est bien connu des spécialistes de la cassation. A première vue, il n'y a donc pas lieu de s'étonner de la rédaction de l'article 28 bis.

On peut cependant être surpris que l'insuffisance de motifs soit distinguée du manque de base légale puisque celui-ci est traditionnellement défini comme… une insuffisance de motifs[135]. On peut avancer trois hypothèses. Soit les rédacteurs de l'article 28 bis ont entendu donner à la notion de « *manque de base légale* » un sens différent de celui dans lequel il est entendu en France[136]. Soit ils ont

---

[133] J. et L. Boré, ouvrage précité, n°72.09 et s.

[134] Sur ce point, voir CCJA, 2e ch., 11 janvier 2018, n°006/2018. Le demandeur au pourvoi invoquait l'erreur dans l'interprétation et l'application de la loi et le défendeur soutenait que ce cas d'ouverture ne correspondait pas à l'un de ceux visés à l'article 28 du Règlement de procédure, de sorte que le moyen aurait été irrecevable. La CCJA a jugé que le moyen relevait de la violation de la loi et qu'il était donc bien recevable. En outre, dans un arrêt du 26 octobre 2006, la CCJA a cassé un arrêt pour « *mauvaise application* » d'un article (CCJA, 1ère ch., 26 octobre 2006, n°017/2006).

[135] J. et L. Boré, ouvrage précité, n°78.04 : « *l'insuffisance de motifs, constitutive du défaut de base légale* ».

[136] L'analyse de la jurisprudence ne permet pas de confirmer cette hypothèse.

entendu donner à la notion d'« *insuffisance de motifs* » un autre sens que celui que connaissent les juristes français[137]. Dans ces deux hypothèses, il serait possible de distinguer l'insuffisance des motifs du « *manque de base légale* ». Mais si, dans une troisième hypothèse, les rédacteurs ont eu en tête l'insuffisance de motifs et le « *manque de base légale* », tels que peut les connaître la Cour de cassation française, alors il est bien difficile, devant la CCJA, de distinguer ce qui relève de l'un et de l'autre[138].

Plusieurs observations peuvent être présentées en ce qui concerne le défaut de motifs.

CCJA, 3e ch., 23 novembre 2017, n°208/2017. Dans cette affaire, le demandeur au pourvoi avait invoqué un défaut de base légale et la CCJA a écarté le moyen en énonçant : « *attendu cependant qu'en page 7 de l'arrêt déféré, la Cour, procédant d'une appréciation souveraine des éléments du dossier de la procédure, a suffisamment justifié le montant de la créance de Azire Cooperative Credit Union ; que le moyen manque donc de fondement et doit être rejeté* ». En écartant ainsi le grief de défaut de base légale parce que l'arrêt attaqué n'était pas entaché d'une insuffisance de motivation, la CCJA montre qu'elle adopte une analyse du manque de base légale très proche de celle de la Cour de cassation française. Dans le même sens, voir deux autres arrêts de la CCJA, du même jour (n°196/2017 et 209/2017) ou encore CCJA, 3e ch., 31 janvier 2019, n°36/2019 dans lequel cette juridiction fait une application classique de la notion de base légale (« *que toute décision de justice doit, au sens de l'article 28 bis du Règlement de procédure de la CCJA, avoir une base légale ; que la Cour d'appel d'Abidjan a vidé sa saisine sans laisser transparaitre l'application d'un quelconque texte de loi ; qu'il en résulte que son arrêt est insuffisamment motivé, manque de base légale et, de ce chef, encourt la cassation* »).

[137] CCJA, 3e ch., 8 juin 2017, n°134/2017 : « *attendu qu'aux termes de l'article 28 bis (nouveau) du règlement de procédure de la Cour de céans, l'insuffisance de motifs constitue entre autres un cas d'ouverture à cassation ; qu'en l'espèce, l'arrêt attaqué a déclaré l'appel de la SIB irrecevable sans apporter une réponse à ses allégations selon lesquelles le premier juge s'est prononcé sur sa capacité à surenchérir conformément à l'article 300 précité ; qu'il s'ensuit que l'arrêt entrepris encourt la cassation* ». Dans cet arrêt, l'insuffisance de motifs semble rejoindre le défaut de réponse à conclusions. Si cette approche de l'insuffisance de motifs est fréquente de la part de la CCJA, alors ce cas d'ouverture peut effectivement être distingué du « *manque de base légale* ».

[138] En France, il est des hypothèses dans lesquelles il peut être difficile de distinguer le défaut de motifs du défaut de base légale. Ces difficultés sont nécessairement accrues devant la CCJA puisque l'insuffisance de motifs est susceptible de relever de deux cas d'ouverture distincts.

Tout comme la Cour de cassation française, la CCJA juge que la censure n'est pas encourue pour défaut de réponse à conclusions lorsque le moyen litigieux était inopérant[139].

Toujours au sujet des exigences de motivation, il faut relever que, selon la CCJA, une motivation implicite peut être suffisante[140]. De même, la CCJA semble-t-elle se satisfaire de motifs adoptés[141].

La CCJA semble adopter une approche de la contradiction de motifs différente de celle de la Cour de cassation française. On rappellera que, en France, la contradiction de motifs s'entend d'une contradiction entre des motifs de fait[142]. Pour sa part, la CCJA, après avoir rappelé que l'article 28 bis nouveau du Règlement de procédure de la Cour énonce que « *le recours en cassation est fondé sur le défaut, l'insuffisance ou la contrariété des motifs* », a précisé que la mise en œuvre de cette disposition « *suppose que dans la même décision, une juridiction s'est manifestement contredite en énonçant des motifs contradictoires ou un dispositif de sa décision sans conformité avec les motifs* » [143]. Ainsi, la CCJA ne semble pas considérer que la contrariété

---

[139] CCJA, 3e ch., 7 juillet 2016, n°137/2016 : « *qu'en confirmant le jugement d'irrecevabilité, sur le fondement de cette stipulation statutaire, la cour d'appel a implicitement répondu au moyen de la BCN qui est un moyen insusceptible d'exercer une influence sur la solution du litige de sorte qu'il était inutile d'y répondre* ».

[140] CCJA, 3e ch., 7 juillet 2016, précité.

[141] CCJA, 1ère ch., 29 novembre 2012, n°079/2012 : la CCJA a énoncé que « *l'arrêt querellé, en retenant souverainement dans ses motifs « qu'il ressort des pièces du dossier et des débats que l'appelant n'a rapporté aucun élément nouveau au dossier susceptible d'amener la Cour à réformer la décision entreprise... », a ainsi exprimé les motifs ayant conduit le juge d'appel du Littoral à Douala à adopter les motifs du premier juge qu'il a trouvés pertinents ; qu'il s'ensuit que le moyen n'est pas fondé et doit donc être rejeté* ».Voir également CCJA, 1ère ch., 29 juin 2017, n°144/2017 ; CCJA, 1ère ch., 27 juillet 2017, n°178/2017 ; CCJA, 2e ch., 23 novembre 2017, n°196/2017 ; CCJA, 1ère ch., 23 mai 2019, n°170/2019.

On peut néanmoins se demander si, pour la CCJA, l'adoption de motifs est automatique en cas de confirmation d'un jugement ou si elle doit être prononcée expressément.

[142] Voir sur ce point J. et L. Boré, ouvrage précité, n°77.111.

Cela semble assez logique puisque la contradiction entre motifs de droit ou entre un motif de fait et un motif de droit relève de la violation de la loi.

[143] CCJA, 1ère ch., 30 mars 2017, n°065/2017.

entre motifs doit concerner des motifs de fait. Il s'agirait donc d'une approche de la contradiction de motifs beaucoup plus large que celle que retient la Cour de cassation française.

L'article 28 bis énonce que le recours en cassation peut être fondé sur « *l'omission ou le refus de répondre à des chefs de demande* ». Cela correspond à ce qui est généralement qualifié, en France, d'omission de statuer et qui fait l'objet non d'un pourvoi mais d'une requête en complément[144]. La CCJA a fait, à plusieurs reprises, application de ce cas d'ouverture[145].

Ensuite, on peut relever que *« la dénaturation des faits de la cause ou des pièces de la procédure »* constitue un cas d'ouverture[146].
Deux enseignements peuvent être tirés de cette disposition.

D'une part, le contrôle de la dénaturation marque une limite au pouvoir souverain des juges du fond. Ainsi, puisque le Règlement de procédure envisage le contrôle de la dénaturation, cela signifie que l'interprétation des faits de la cause ou des pièces de la procédure relève du pouvoir souverain des juges du fond. L'analyse de la jurisprudence de la CCJA le confirme[147].

De même, dans un arrêt du 7 juillet 2016 (n°137/2016), la troisième chambre de la CCJA a examiné le bienfondé d'un moyen invoquant une contradiction de motifs alors même qu'il ne s'agissait manifestement pas d'une contradiction entre motifs de fait. Il résulte également de l'arrêt précité du 30 mars 2017 que la contradiction de motifs peut s'entendre d'une contradiction entre, d'une part, les motifs et, d'autre part, le dispositif. Dans le même sens, voir encore : CCJA, 3e ch., 19 novembre 2015, n°141/2015. Sur ce point, l'approche de la CCJA rejoint la position de la Cour de cassation (J. et L. Boré, ouvrage précité, n°77.101).

144 Articles 463 et 616 du CPC.

145 CCJA, 2e ch., 23 février 2017, n°020/2017 ; CCJA, 1ère ch., 18 mai 2017, n°126/2017 ; CCJA, 3e ch., 25 octobre 2018, n°193/2018.

146 A l'époque où le Règlement de procédure ne visait pas encore les différents cas d'ouverture, la CCJA semblait analyser la dénaturation comme un cas particulier de la violation de la loi. Ainsi avait-elle énoncé « *que la dénaturation des faits étant une composante de la violation de la loi en ce qu'elle est un cas d'ouverture à cassation, l'arrêt attaqué mérite inéluctablement cassation de ce second chef* » (CCJA, 1ère ch., 17 juillet 2008, n°041/2008).

147 La CCJA se réfère ainsi à l'« *appréciation souveraine des faits* » (CCJA, 3e ch., 8 juin 2017, n°138/2017). Voir également CCJA, 3e ch., 8 juin 2017, n°139/2017, *Fédérale d'assurance Côte d'Ivoire c/ Administration des douanes de Côte d'Ivoire* :

D'autre part, la dénaturation est entendue dans un sens plus large devant la CCJA que devant la Cour de cassation française. En effet, la dénaturation des faits ne constitue pas un cas d'ouverture devant la Cour de cassation ; seule la dénaturation d'un écrit peut aboutir à une cassation pour dénaturation[148]. En revanche, une dénaturation des faits peut être retenue par le Conseil d'Etat, juge de cassation[149]. Sur ce point, le contrôle exercé par la CCJA rejoint donc davantage celui du Conseil d'Etat que de la Cour de cassation[150].

« *attendu que les juges du fond, en appréciant les faits soumis à leur appréciation, ont pu déduire, souverainement, des éléments de preuve qui leur sont soumis, notamment, de l'acte de cautionnement : « qu'en outre, la signature de l'Administration des douanes apparaît bien sur l'acte de cautionnement querellé... » ; que cette appréciation souveraine des faits échappe au contrôle du juge de la cassation et il échet dès lors de rejeter cette branche du moyen comme étant non fondée* ». On observera que l'utilisation de l'expression « *pu déduire* » laisse planer une petite ambiguïté puisque les termes « *a pu* » sont traditionnellement employés pour marquer l'existence d'un contrôle léger de la part de la Cour de cassation (J. et L. Boré, ouvrage précité, n°124.201 ; *Droit et pratique de la cassation en matière civile*, Litec, n°1015).

CCJA, 1ère ch., 26 novembre 2015, n°153/2015 : « *en reprochant à l'arrêt le manque de base légale, alors que la cour d'appel d'Abidjan a fondé souverainement sa décision sur des éléments de fait caractérisant le défaut de preuves de la qualité de tiers saisi du Port autonome de San Pedro* ». On relèvera qu'il peut sembler curieux de rejeter un grief de défaut de base légale au motif que la cour d'appel a statué dans le cadre de son pouvoir souverain. En effet, même lorsqu'un juge du fond statue dans un tel cadre, il doit donner une base légale à sa décision.

La doctrine relève également que l'appréciation des faits relève du pouvoir souverain des juges du fond (J. Wambo, ouvrage précité, p. 44).

De même, la CCJA juge que l'appréciation des documents de preuve relève du pouvoir souverain des juges du fond (CCJA, 3e ch., 19 novembre 2015, n°141/2015 ou encore CCJA, 1ère ch., 21 avril 2016, n°060/2016). Elle juge également que l'opportunité d'ordonner une mesure d'instruction relève du pouvoir souverain des juges du fond (CCJA, 21 avril 2016, 1ère ch., n°057/2016 ; CCJA, 3e ch., 30 janvier 2020, n°28/2020).

[148] J. et L. Boré, ouvrage précité, n°79.141.

[149] J. Massot, O. Fouquet, J-H Stahl, M. Guyomar et A. Bretonneau, *Le Conseil d'Etat, juge de cassation*, LGDJ, éd. 2018, n°223.

[150] Tout comme le juge de cassation français, la CCJA définit la dénaturation comme la méconnaissance du sens « clair et précis » d'un document : CCJA, 1ère ch., 18 avril 2002, n°014/2002 ; CCJA, 1ère ch., 17 décembre 2015, n°167/2015 (« *les termes clairs et sans équivoque* ») ; CCJA, 1ère ch., 24 janvier 2019, n°008/2019. On relèvera que, récemment, la CCJA a énoncé que le grief de dénaturation ne pouvait être retenu que si le juge du fond avait « *fait d'un écrit une lecture contraire aux termes clairs et*

Enfin, dans son dernier alinéa, l'article 28 bis énonce que le recours en cassation peut être fondé sur « *le fait de statuer sur une chose non demandée ou d'attribuer une chose au-delà de ce qui a été demandé* »[151]. Ainsi, l'*extra petita* et l'*ultra petita* constituent, de façon certaine, des cas d'ouverture à cassation devant la CCJA. Cela doit d'autant plus être relevé que, devant la Cour de cassation française, la question a pu se poser[152].

28. L'article 28 ter dispose : « *à peine d'irrecevabilité, un moyen de cassation ou un élément de moyen de cassation doit mettre en œuvre au moins un des cas d'ouverture visés à l'article précédent* ». Il fait écho à l'article 978 du CPC français qui, pour sa part, énonce : « *à peine d'être déclaré d'office irrecevable un moyen ou un élément de moyen ne doit mettre en œuvre qu'un seul cas d'ouverture* ».

Une lecture attentive de ces deux dispositions révèle une différence importante entre les deux procédures ; là où le droit OHADA exige un cas d'ouverture *au minimum* par moyen, le droit français en exige un, *au maximum*[153]. Le Règlement de procédure cherche à éviter que les parties voient dans la CCJA un troisième degré de juridiction et la saisissent de moyens autres que de cassation[154]. Pour sa part, le CPC français cherche à éviter que la Cour de cassation soit saisie de griefs mal rédigés, mélangeant plusieurs cas d'ouverture.

---

concis qu'il contient » (CCJA, 3e ch., 30 janvier 2020, n°28/2020). La concision a remplacé la précision. Cela semble donc signifier que, à partir d'une certaine longueur, un document ne saurait être dénaturé.

[151] Pour illustrer cet alinéa, voir : CCJA, 1ère ch., 30 mars 2017, n°055/2017 : « *attendu qu'il ne ressort nullement des prétentions des parties que la question de la taxation ou non des honoraires de l'expert ait été évoquée ; qu'en statuant comme elle l'a fait, la cour d'appel s'est prononcée sur une chose non demandée et expose ainsi son arrêt à la cassation* ».

[152] Voir sur ce point J. et L. Boré, ouvrage précité, n°71.01 et 74.171.

[153] Sur ce point, voir Ntetika Mbakata Ja, *Mentions de l'acte saisissant la CCJA de l'OHADA en cassation*, Editions Kupanga, juin 2016, p. 123.

[154] Peut-être est-ce lié au fait que, dans de nombreux pays d'Afrique, les juridictions suprêmes estiment être trop souvent saisies de moyens de fait et non de droit.

Une chose est certaine : l'article 28 ter précité n'interdit pas les moyens complexes[155]. On pourrait presque dire qu'il les encourage, ce qui peut sembler un peu étonnant.

Cela ne signifie pas pour autant que la CCJA n'a pas d'exigence en matière de rédaction des moyens de cassation ; même si l'article 978 du CPC[156] français n'a pas d'équivalent dans le Règlement de procédure, la CCJA n'hésite pas à juger irrecevables les moyens dont la rédaction est vague ou imprécise[157].

---

[155] L'analyse de la jurisprudence ne permet pas non plus de trouver de décisions par lesquelles la CCJA aurait expressément jugé des moyens irrecevables en raison de leur complexité. Ainsi, dans une affaire où le demandeur au pourvoi avait soulevé un moyen qui semblait complexe, la CCJA s'est déclarée incompétente de sorte qu'elle ne s'est pas prononcée sur le moyen (CCJA, 2e ch., 24 février 2005, n°014/2005).

[156] L'article 978 al 2 de ce code dispose :
« *A peine d'être déclaré d'office irrecevable un moyen ou un élément de moyen ne doit mettre en œuvre qu'un seul cas d'ouverture. Chaque moyen ou chaque élément de moyen doit préciser, sous la même sanction :*
- le cas d'ouverture invoqué ;
- la partie critiquée de la décision ;
- ce en quoi celle-ci encourt le reproche allégué ».

[157] Les arrêts par lesquels la CCJA a jugé que des moyens « *vagues et imprécis* » étaient irrecevables sont nombreux (CCJA, 26 décembre 2002, n°022/2002 ; CCJA, 8 janvier 2004, n°005/2004 ; CCJA, 2e ch., 2 février 2012, n°003/2012 ; CCJA, 2e ch., 2 février 2012, n°007/2012 ; CCJA, 2e ch., 16 mai 2013, n°041/2013 ; CCJA, Ass. Plén., 11 novembre 2014, n°124/2014) ; CCJA, 2ème ch., 23 juin 2016, n°118/2016 ; CCJA, 3e ch., 29 mars 2018, n°084/2018 ; CCJA, 1ère ch., 28 mars 2019, n°98/2019 (« *attendu que si l'article 28 ter du Règlement de procédure de la Cour Commune de Justice et d'Arbitrage, précité, autorise le demandeur au pourvoi porté devant ladite Cour à mettre en œuvre, dans un moyen unique de cassation, plusieurs des cas d'ouverture prévus par l'article 28 bis du même Règlement, ledit moyen unique doit dans ce cas s'énoncer en autant de branches que nécessaire à la spécification de chaque cas d'ouverture invoqué ; que tel n'est pas le cas en l'espèce ; que la violation de la loi, le défaut de réponse à des chefs de demande ou à des conclusions, le défaut de motifs et le manque de base légale constituant des cas d'ouverture à cassation distincts, le moyen unique, tel que rapporté, se révèle confus et constitué d'un mélange de droit et de fait qui ne permet pas à la Cour d'exercer son contrôle; qu'il échet de relever l'irrecevabilité dudit moyen* ») ; CCJA, 1ère ch., 24 janvier 2019, n°002/2019 ; CCJA, 1ère ch, 7 novembre 2019, n°260/2019 ; CCJA, 2e ch., 28 novembre 2019, n°285/2019 (dans cette affaire, la CCJA relève qu'un moyen « *imbrique deux cas d'ouverture à cassation, à savoir, la violation de la loi et le manque de base légale* », ce qui correspond à la notion de complexité du moyen).

29. De façon assez étonnante, le Règlement de procédure est silencieux sur la question des moyens nouveaux. On pourrait en venir à se demander si ce silence ne signifie pas que les moyens nouveaux peuvent être présentés à la CCJA.

Cependant, celle-ci est venue combler le silence de son Règlement de procédure en énonçant qu'était irrecevable un moyen nouveau et mélangé de fait et de droit[158]. *A contrario*, un moyen nouveau, de pur droit, est recevable en cassation[159].

On relèvera que, pour sa part, la CCJA peut soulever d'office un moyen de pur droit[160].

Voir également CCJA, 1ère ch., 10 juin 2010, n°040/2010 (dans cette affaire, la CCJA a déclaré irrecevables les cinquième au vingtième moyens en énonçant « *que les moyens susindiqués ne précisent ni la partie critiquée de l'arrêt attaqué, ni ce en quoi ledit arrêt encourt les différents reproches qui lui sont faits* ») ; CCJA, 1ère ch., 30 juin 2009, n°039-2009 ; CCJA, 2ème ch., 22 octobre 2015, n°106/2015.
On relèvera qu'il est arrivé à la CCJA de juger qu'un moyen vague et imprécis devait être rejeté, et non jugé irrecevable : CCJA, 3e ch., 29 décembre 2016, n°196/2016 : « *attendu qu'en reprochant à l'arrêt attaqué d'avoir violé la loi sur la computation des délais sans préciser la loi dont il s'agit, le moyen invoqué est vague et imprécis et doit être rejeté* ». Voir également CCJA, 1ère ch., 30 mars 2017, n°065/2017 ou encore CCJA, 3e ch., 8 juin 2017, n°139/2017.
Enfin, il faut relever un arrêt intéressant (CCJA, 1ère ch., 28 décembre 2006, n°29/2006) par lequel cette juridiction a énoncé : « *attendu que les deux branches du premier moyen, en raison de leur contrariété, la première reprochant à l'arrêt une insuffisance de motif et la seconde une absence de motifs, sont irrecevables* ».
Sur la question de la précision du moyen, voir J. Wambo, ouvrage précité, p. 48.

[158] CCJA, 2 juin 2016, n°098/2016 : « *qu'invoqué pour la première fois devant la Cour de céans, ce moyen nouveau, mélangé de fait et de droit, est irrecevable* ». Voir également CCJA, 1ère ch., 10 juin 2010, n°040/2010 ; CCJA, 3e ch., 28 avril 2016, n°077/2016 ; CCJA, 3e ch., 1er décembre 2016, n°169/2016 ; CCJA, 3e ch., 30 janvier 2020, n°28/2020.

[159] CCJA, 3e ch., 6 décembre 2011, n°020/2011 : « *attendu que le moyen, étant de pur droit, peut être proposé pour la première fois en cassation* ». On relèvera également que la CCJA a jugé, dans d'autres arrêts (CCJA, 1ère ch., 20 novembre 2008, n°046/2008 ; CCJA, 1ère ch., 30 décembre 2008, n°061/2008), que « *ledit moyen, étant nouveau et pas de pur droit, doit être déclaré irrecevable* ».

[160] CCJA, 2e ch., 18 février 2010, n°010/2010 : « *que par ce moyen de pur droit soulevé d'office, il échet de casser ledit arrêt* ».
Sur cette question, voir également Ndongo Fall, communication précitée, p. 5.

De même, sont irrecevables en cassation les pièces nouvelles. Deux observations peuvent être présentées sur ce point. D'une part, si des pièces nouvelles ne peuvent pas être produites dans le cadre d'un pourvoi, cela ne signifie pas nécessairement qu'elles ne peuvent pas l'être dans le cadre de l'évocation[161]. D'autre part, il semble surprenant que la CCJA ait jugé un recours en cassation irrecevable parce que le demandeur avait produit des pièces nouvelles ; que la production d'une pièce nouvelle ne soit pas possible est une chose, qu'elle soit sanctionnée par l'irrecevabilité d'un moyen ou du recours en est une autre[162].

Il résulte, d'une part, de l'article 28 du Règlement de procédure que « *le Recours indique les Actes uniformes ou les Règlements prévus par le Traité dont l'application dans l'affaire justifie la saisine de la Cour* »[163] et, d'autre part, de la jurisprudence de la CCJA, que les moyens nouveaux sont en principe irrecevables en cassation.

On peut, dès lors, se demander si, en vertu de la combinaison de ces deux règles, la recevabilité d'un moyen invoquant la violation d'un Acte uniforme ou d'un Règlement est subordonnée à ce que ce moyen ait préalablement été soulevé devant les juridictions internes. Si tel est le cas, la solution serait à rapprocher de celle qui existe devant la Cour européenne des droits de l'homme. On sait, en effet, que la règle de l'épuisement des voies de recours internes impose à la partie qui saisit la Cour européenne des droits de l'homme d'avoir préalablement invoqué, devant le juge national, la violation de la Convention[164]. A tout le moins le grief de violation de cette Convention doit avoir été soulevé en substance.

Cependant, on ne voit pas que cette règle puisse être transposée devant la CCJA. En effet, la règle de l'épuisement des voies de recours internes s'explique par le principe de subsidiarité, principe qui n'existe pas en tant que tel en droit OHADA.

---

161 Voir *infra* n°41.

162 CCJA, 2e ch., 11 décembre 2008, n°057/2008 : « *qu'il est de principe qu'il n'est pas permis aux parties de produire en cassation des pièces qui n'ont pas été soumises au juge du fond et que seule la solution légale donnée et les moyens débattus devant les premiers juges sont examinés ; que dans ces conditions, le pourvoi doit être déclaré irrecevable comme mélangé de fait et de droit* ». Voir sur ce point J. Wambo, ouvrage précité, p. 65.

163 Voir *supra* n°23.

164 Article 35 de la Convention européenne des droits de l'homme.

En tout état de cause, on sait que la CCJA est compétente en fonction de l'objet du litige et non des moyens précédemment soulevés par les parties[165]. On peut donc regretter qu'elle ait pu faire dépendre sa compétence des moyens précédemment soulevés par les parties[166]. En outre, on peut penser que, quand bien même aucun moyen relatif à un Acte uniforme n'aurait été soulevé devant les juges du fond nationaux, un tel moyen, de pur droit, devrait être jugé recevable en cassation[167].

2) La rédaction des arrêts

30. On présentera des observations relatives à la rédaction, d'abord, des motifs, ensuite, du dispositif.

Trois observations générales peuvent être présentées au sujet des motifs des arrêts de la CCJA.

D'une part, toutes les décisions rendues par la CCJA sont motivées. Il résulte de l'article 32 du Règlement de procédure que « *lorsque la Cour est manifestement incompétente pour connaître du recours ou lorsque celui-ci est manifestement irrecevable ou manifestement non fondé, elle peut à tout moment rejeter ledit recours par voie d'ordonnance motivée* »[168]. Il s'agit là d'un système de traitement différencié des recours, en fonction de la difficulté des questions posées. A certains égards, ce système peut évoquer la procédure d'admission des pourvois en cassation devant la Cour de cassation et devant le Conseil d'Etat. Mais, alors que la Cour de

---

[165] Voir *supra* n°6.

[166] CCJA, 3e ch., 7 juin 2018, n°150/2018, note C. Grimaldi, LEDAF, février 2019, n°111x7.

[167] En ce sens, voir C. Grimaldi, note précitée.

[168] Un auteur relève, à juste titre que la rédaction de l'article 32 est contestable. Il est en effet curieux d'utiliser le terme « rejeter » pour écarter un recours quand la CCJA est incompétente ou que le recours est irrecevable. Voir sur ce point J. Wambo, ouvrage précité, p. 35 (« *on se pose par exemple la question de savoir comment un recours irrecevable peut être rejeté par la Cour* »).
Lorsque la CCJA fait application de l'article 32 du Règlement de procédure, aucune audience n'a lieu (J. Wambo, ouvrage précité, p. 127). L'auteur relève que l'expression « à tout moment » laisse penser qu'une ordonnance peut intervenir dès le début de la procédure, même avant le dépôt d'un mémoire en défense (ouvrage précité, p. 128).

cassation rend des décisions de rejet « non spécialement motivé » et que le Conseil d'Etat rend, sur l'admission, des décisions non motivées, la CCJA rend des ordonnances motivées[169].

D'autre part, les motifs des arrêts de la CCJA dans leur partie relative à la cassation, sont relativement brefs. En cela, ils rejoignent la tradition[170] de la Cour de cassation française. Sur ce point les arrêts de la CCJA se distinguent de ceux que peuvent rendre un certain nombre de juridictions suprêmes africaines. On pense là, en particulier, à la Cour suprême du Bénin[171].

Enfin, dans ses arrêts, la CCJA se réfère parfois à sa propre jurisprudence[172]. C'est sans doute là le signe que la CCJA assume son rôle de source du droit.

On présentera enfin quelques observations propres aux arrêts de rejet puis à ceux de cassation[173].

---

[169] Voir, par exemple, CCJA, ord. du 16 avril 2009, n°008/2009 ou encore CCJA, ord. du 18 juin 2012, n°010/2012.

[170] Actuellement, la tendance est à une « motivation enrichie » d'un certain nombre d'arrêts de la Cour de cassation française.

[171] L. Poulet, article précité.

[172] Il existe de nombreux arrêts dans lesquels la CCJA s'est référée, de façon très générale, à la doctrine et à la jurisprudence : CCJA, 2e ch., 2 février 2012, n°004/2012 (« *qu'il est constant tant en jurisprudence qu'en doctrine* ») ; CCJA, 1ère ch., 29 novembre 2012, n°079/2012 (« *qu'aux termes de la jurisprudence et de la doctrine* ») ; CCJA, 3e ch., 7 juillet 2016, n°137/2016 : « *selon la doctrine et la jurisprudence* »). La CCJA va parfois plus loin en se référant à un arrêt précis qu'elle a précédemment rendu. Ainsi, dans l'arrêt précité (*supra* n°5) du 2 mai 2013, la CCJA a énoncé : « *attendu au demeurant que la Cour de céans a déjà tranché à travers sa jurisprudence, constante (arrêt n°31/2004 du 4 novembre 2004 et n°55/2005 du 15 décembre 2005) qu'elle reste seule compétente en application de l'article 14 du Traité relatif à l'harmonisation du droit des affaires en Afrique pour assurer l'interprétation et l'application uniformes du Traité ainsi que des Règlements pris pour son application, des Actes uniformes et des décisions, et ses décisions en application de l'article 16 dudit Traité s'impose aussi aux hautes juridictions nationales de l'espace OHADA* » (CCJA, 1ère ch., 2 mai 2013, n°032/2013).

[173] En 2017, la CCJA a rendu 241 arrêts dont 77 de cassation et 67 de rejet. Les autres arrêts correspondaient notamment à des décisions d'incompétence et d'irrecevabilité (P. Lendongo, communication précitée).

Lorsque la CCJA rejette un moyen, les motifs qui justifient ce rejet sont généralement précédés de la conjonction « Mais », comme devant la Cour de cassation française[174]. Cependant, il peut lui arriver de rejeter un moyen sans faire précéder ses motifs de la conjonction traditionnelle[175]. Il peut même lui arriver de faire précéder d'un visa le rejet d'un moyen[176], ce qui ne correspond pas aux pratiques habituelles de la Cour de cassation française.

S'agissant des arrêts de rejet, il faut relever que la CCJA, comme d'autres juges de cassation, peut « sauver » l'arrêt soumis à son contrôle en procédant à une substitution d'un motif de pur droit[177] ou encore en jugeant qu'un motif est inopérant parce qu'il s'attaque à un motif surabondant[178].

La plupart des arrêts de cassation de la CCJA sont rendus au visa d'un texte[179], comme ceux de la Cour de cassation française. Cependant, il est déjà arrivé à la CCJA de rendre un arrêt de cassation ne comportant pas de visa[180].

On relèvera que la CCJA[181] a déjà utilisé la conjonction « Mais » dans un arrêt de cassation, ce qui ne correspond pas à la tradition française.

---

174 Voir notamment CCJA, 3ème ch., 15 mars 2012, n°026/2012 ; CCJA, 1ère ch., 2 mai 2013, n°036/2013 ; CCJA, 2e ch., 30 janvier 2014, n°004/2014 ; CCJA, Ass. Plén, 11 novembre 2014, n°137/2014 ; CCJA, 2e ch., 23 juin 2016, n°117/2016 ; CCJA, 3e ch., 2 juin 2016, n°098/2016.

175 CCJA, 1ère ch., 10 juin 2010, n°040/2010 (rejet du deuxième moyen) ; CCJA, 1ère ch., 28 novembre 2019, n°271/2019.

176 CCJA, 1ère ch., 10 juin 2010, n°040/2010 (rejet du troisième moyen).

177 CCJA, 2e ch., 3 juillet 2008, n°035/2008, CCJA, 3e ch., 23 juillet 2015, n°094/2015 ; CCJA, 2e ch., 27 juillet 2017, n°180/2017.

178 CCJA, 3e ch., 8 juin 2017, n°139/2017 (rejet du deuxième moyen).

179 CCJA, 1ère ch., 30 mars 2015, n°008/2015 ; CCJA, 3e ch., 9 avril 2015, n°031/2015 ; CCJA, 2e ch., 20 décembre 2012 n°100/2012 ; CCJA, 1ère ch., 17 juillet 2008, n°043/2008.

180 CCJA, Ass. Plén., 4 novembre 2014, n°102/2014 ; CCJA, 3e ch., 23 novembre 2017, n°216/2017.

181 CCJA, Ass. Plén., 23 avril 2014, n°043/2014 ; CCJA, 1ère ch., 30 mars 2015, n°008/2015 ; CCJA, 1ère ch., 26 mai 2016, n°095/2016.

S'agissant des dispositifs des arrêts de la CCJA, les arrêts prononçant des irrecevabilités méritent l'attention. La plupart du temps, il existe une concordance entre les motifs et le dispositif : les pourvois sont jugés irrecevables tant dans les motifs que dans les dispositifs des arrêts de la CCJA[182]. Cependant, certaines discordances peuvent apparaître, la CCJA énonçant, dans ses motifs, qu'un pourvoi est irrecevable et le rejetant dans le dispositif[183]. Peut-être la CCJA gagnerait-elle à unifier la rédaction de ses arrêts sur ce point.

31. Il a été constaté[184] que la CCJA, en tant que juge de cassation, évinçait les juridictions de cassation nationales en matière de contentieux commercial. L'analyse de la CCJA comme juge de l'évocation permettra de constater que, pour ce même contentieux, elle peut également évincer les juges du fond nationaux.

II- LA CCJA, JUGE DE L'EVOCATION

32. L'analyse du champ de l'évocation (A) précèdera celle de ses modalités (B).

A) Le champ de l'évocation

33. Le principe (1) sera étudié avant les exceptions (2).

1) Le principe

34. On a vu que l'article 14 al. 5 du Traité OHADA énonçait : « *en cas de cassation, [la CCJA] évoque et statue sur le fond* ». Cette disposition rejoint tant le règlement de l'affaire au fond, qu'exerce régulièrement le Conseil d'Etat, que la cassation sans renvoi, en particulier dans sa version « *new-look* »[185], que connaît la Cour de cassation (article

---

[182] CCJA, 8 janvier 2004, n°002/2004 ; CCJA, 1ère ch., 26 mai 2005, n°030/2005 ; CCJA, 11 octobre 2001, n°004/2001 ; CCJA, 3e ch., 3 avril 2014, n°036/2014 ; CCJA, 1ère ch., 30 mars 2017, n°056/2017.

[183] Voir, par exemple, CCJA, 1ère ch., 18 juin 2012, n°010/2012. Telle est également la pratique du Conseil d'Etat.

[184] Voir *supra* n°3.

[185] Fr. Ferrand, « La Cour de cassation dans la loi de modernisation de la justice du XXIème siècle. A propos de la loi n°2016-1547 du 18 novembre 2016 », JCP 2016,

L. 411-3 du COJ[186], issu de la loi dite J 21 du 18 novembre 2016) ; là non plus, le juriste habitué à ces deux Cours suprêmes n'est pas complètement dépaysé. Cette disposition rejoint également la faculté offerte à d'autres juges suprêmes de casser les arrêts soumis à leur contrôle, sans nécessairement renvoyer l'affaire[187].

L'article 14 al 5 précise que la CCJA « *évoque* » et non qu'elle « *peut évoquer* ». Cette formulation laisse penser que l'évocation est systématique et même, obligatoire[188]. Certains l'ont regretté[189].

1407, p. 2417 ; B. Massignon et R. Maman, « Le règlement au fond devant la Cour de cassation », Justice et cassation, 2020.

186 Cet article dispose :

« *La Cour de cassation peut casser sans renvoi lorsque la cassation n'implique pas qu'il soit à nouveau statué sur le fond.*

Elle peut aussi, en matière civile, statuer au fond lorsque l'intérêt d'une bonne administration de la justice le justifie.

En matière pénale, elle peut, en cassant sans renvoi, mettre fin au litige lorsque les faits, tels qu'ils ont été souverainement constatés et appréciés par les juges du fond, lui permettent d'appliquer la règle de droit appropriée.

En ces cas, elle se prononce sur la charge des dépens afférents aux instances civiles devant les juges du fond.

L'arrêt emporte exécution forcée.

Les modalités d'application du présent article sont fixées par décret en Conseil d'Etat ».

187 Sur cette question, voir B. Massignon et R. Maman, article précité.

Un auteur relève que les autres juridictions communautaires ne disposent pas de cette faculté : « *l'évocation est une technique procédurale qui fait de la Cour régionale une juridiction communautaire particulière en Afrique. En effet, la Cour de justice de l'UEMOA, la Haute Cour de justice de la CEDEAO, la Cour de justice de la CEMAC, ne disposent pas d'un tel pouvoir* » (I. Ndam, « L'évocation en matière judiciaire : obligation ou simple faculté pour la Cour commune de justice et d'arbitrage ? », Revue de l'Ersuma, 2013).

D'autres juges de cassation ont la possibilité, en cas de cassation, d'évoquer mais n'utilisent cette faculté que très rarement. Tel est le cas de la Cour suprême de République du Congo (H. Bouka, communication précitée).

188 Tel est le cas dans d'autres pays, en particulier la Côte d'Ivoire (Eugène Assepo Assi, article précité, p. 943 et s., spéc p. 955).

Sur cette question, voir notamment Ndongo Fall, communication précitée, p. 5 ; I. Ndam, article précité.

Il faut relever que, puisque l'évocation est obligatoire, le renvoi est impossible (Voir sur ce point J. Wambo, ouvrage précité, p. 19).

189 Sur cette question, voir Ndongo Fall, communication précitée, p. 6.

Sur ce point, le régime du recours en cassation devant la CCJA diffère profondément de celui qui existe en France, devant le Conseil d'Etat et la Cour de cassation. Le Conseil d'Etat a moins tendance qu'avant, en cas de cassation, à régler l'affaire au fond[190]. Et si la Cour de cassation a la possibilité, en cas de cassation, de mettre fin au litige, il est extrêmement rare qu'elle le fasse. Cela s'explique facilement : tandis que le Conseil d'Etat est historiquement un juge de premier ressort et d'appel, la Cour de cassation a toujours eu pour fonction exclusive d'être juge de cassation. Il n'est donc pas dans sa culture d'emprunter les habits d'un juge du fond.

35. De multiples analyses ont été avancées pour expliquer le choix opéré à l'article 14 al 5 du Traité OHADA[191]. Chacune contient sa part de vérité.

L'évocation a été mise en place, en évitant le renvoi devant une juridiction nationale, dans un objectif de rapidité[192].

Il n'est pas impossible qu'on puisse y voir, comme pour l'article 14 al 5 du Traité qui évince les Cours suprêmes nationales du contentieux de l'OHADA, le signe d'une certaine méfiance à l'égard des juridictions nationales[193].

---

190 J. Massot, O. Fouquet, J-H Stahl, M. Guyomar et A. Bretonneau, ouvrage précité, n°531 et 548.

191 Il est intéressant d'observer que les raisons invoquées pour la mise en place de l'évocation devant la CCJA rejoignent, pour partie, celles qui ont été avancées lorsque la loi J21 a modifié l'article L. 411-3 al 2 du COJ (sur ce dernier point, voir B. Massignon et R. Maman, article précité).

192 Abdoullah Cissé, article précité, 2004, p. 197 et s., spéc. p. 203 ; Eugène Assepo Assi, article précité, p. 943 et s., spéc p. 945 ; Ndongo Fall, communication précitée, p. 6.

193 Voir *supra* n°3.

Un auteur énonce que « *la CCJA se substitue aux juridictions nationales de cassation et aux juridictions nationales de fond par le pouvoir d'évocation* » (Véronique Carole Ngono, Réflexions sur l'espace judiciaire OHADA, n°25).

Un autre auteur énonce que « *le traité fondateur sonne le glas des hautes juridictions nationales et même, bien qu'à un moindre degré, des cours d'appel. Car la Cour commune de justice se voit reconnaître un pouvoir d'évocation au fond sans renvoi, tant sur les matières devant faire l'objet d'une harmonisation qu'en cas de connexité, sur celles n'entrant pas dans le champ du Traité ainsi que sur les affaires ne*

Certains auteurs énoncent que l'évocation pourrait également viser à unifier la jurisprudence[194], même si d'autres observent que la Cour de cassation française n'évoque pas les dossiers mais unifie néanmoins la jurisprudence des juges du fond[195].

D'autres auteurs pensent que l'évocation a été mise en place afin d'éviter les difficultés liées au choix de la juridiction de renvoi[196].

Une autre explication peut encore être avancée. Lorsque la Cour de cassation française casse un arrêt, la procédure devant les différentes juridictions de renvoi relève du même régime, issu du code de procédure civile. Or, les juridictions qui sont soumises au contrôle de la CCJA relèvent de différents pays ; l'évocation systématique présente l'avantage d'éviter des disparités dans les procédures devant les juridictions de renvoi[197].

36. Certains auteurs se sont demandé si le fait que l'évocation soit obligatoire, empêchait de qualifier la CCJA de juge de cassation[198]. Cette interrogation appelle deux réflexions.

---

présentant pas d'éléments d'extranéité dans les relations interétatiques » (P. Bourel, « A propos de l'OHADA : libres opinions sur l'harmonisation du droit des affaires en Afrique », D. 2007, p. 969 et s., n°3).

194 Ainsi, un auteur considère que l'évocation vise à éviter une potentielle résistance des juges du fond (Ndongo Fall, communication précitée, p. 6). Un autre auteur a énoncé qu'« *un droit uniforme appelle une jurisprudence uniforme* » (Bakandeja Wa Lupungu, cité dans Ntetika Mbakata Ja, *Mentions de l'acte saisissant la CCJA de l'OHADA en cassation*, Editions Kupanga, juin 2016, p. 154.

195 Eugène Assepo Assi, article précité, p. 943 et s., spéc p. 946 et 947.

196 V. C. Ngono, article précité, n°29 : « *le législateur craignait certainement qu'en cas de cassation d'une décision rendue en dernier ressort par une juridiction nationale, on ne sache véritablement pas vers quelle juridiction nationale renvoyer l'affaire. Devant la juridiction qui a rendu la décision ? Avec le risque qu'elle ne suive pas les directives de la CCJA, ou devant une autre juridiction située dans le même pays ? Devant ce dilemme, le législateur a préféré opter pour l'évocation devant la CCJA* ».

197 Ainsi, par exemple, rien n'indique qu'il existe une uniformité dans les 17 Etats relevant de l'OHADA s'agissant des moyens nouveaux ou des demandes nouvelles pouvant être présentés devant la juridiction de renvoi.

198 Eugène Assepo Assi, article précité, p. 943 et s., spéc p. 947 et 949. Voir également I. Ndam, article précité. Un autre auteur oppose l'évocation par la CCJA à la « pratique en matière de cassation » (J. Wambo, ouvrage précité, p. 19, voir aussi ses réflexions p. 134).

D'une part, un juge de cassation, en cas de censure de la décision soumise à son contrôle, peut régler le litige au fond. Le Conseil d'Etat le fait souvent. Et on ne voit pas que la Cour de cassation ait perdu sa qualité de juge de cassation du fait de la loi du 18 novembre 2016 qui a étendu ses pouvoirs dans le règlement des litiges[199]. Dans ces cas-là, la juridiction suprême arbore successivement deux casquettes : d'abord, celle de juge de cassation, ensuite, celle de juge du fond.

D'autre part, deux fonctions, théoriquement dissociables, peuvent parfois avoir tendance à se rejoindre. Ainsi, le juge qui envisage une cassation parce qu'il existe un moyen sérieux et qui se rend compte que le règlement au fond aboutirait à la même solution que celle retenue dans la décision attaquée, mieux motivée, peut-il être tenté d'anticiper un peu sur sa prochaine casquette et de renoncer à la cassation.

Naturellement, lorsque l'évocation est obligatoire, la question de la confusion des deux casquettes se pose avec acuité. Cependant, la fréquence de l'évocation n'a pas de conséquence sur la nature de la CCJA qui reste un juge de cassation.

37. On a vu[200] que la CCJA était compétente pour les pourvois mixtes. Elle peut alors interpréter les droits nationaux. Cela signifie que, lorsqu'elle est saisie d'un tel pourvoi et qu'elle casse l'arrêt soumis à son contrôle, elle est amenée, dans le cadre de l'évocation, à appliquer

---

Récemment, il a pu être soutenu qu'« *une juridiction de cassation qui, en cas de cassation, exerce systématiquement le droit d'évocation et statue au fond n'est pas une réelle juridiction de cassation ; c'est une juridiction d'appel « bis »* » (H. Bouka, communication précitée). Cet auteur estime que « *le juge de cassation qui se mêle des faits, condamne à des réparations, alloue des dommages et intérêts, ce juge-là tue la noblesse de la fonction de cassation* ». Ce même auteur affirme également qu'« *il suffit, en ce qui [concerne la CCJA] de remplacer les mots « casser » par « infirmer » et « rejeter » par « confirmer » et c'est une cour d'appel* ». Cependant, chaque fois que la CCJA rejette un moyen parce qu'il se heurte au pouvoir souverain des juges du fond, elle montre qu'elle a conscience des limites de son contrôle liées à sa qualité de juge de cassation.

199 Des auteurs relèvent d'ailleurs que « *la réforme est loin d'avoir bouleversé le fonctionnement de la Cour de cassation* » (B. Massignon et R. Maman, article précité). *A fortiori*, elle n'a pas bouleversé son office.

200 Voir *supra* n°5.

tant un Acte uniforme qu'une législation nationale[201]. Cela peut présenter un inconvénient car elle applique alors une norme qu'elle n'a pas l'habitude de manier[202].

2) Les exceptions

38. Il est cependant des hypothèses dans lesquelles la CCJA juge qu'il n'y a pas lieu à évocation.

Ainsi en a-t-il été dans un arrêt du 9 avril 2015[203]. Le pourvoi était dirigé contre une ordonnance du 22 août 2012 du premier Président de la cour d'appel d'Abidjan suspendant l'exécution d'une saisie. La CCJA a énoncé : « *qu'ainsi le premier Président de la cour d'appel d'Abidjan ne peut, sans enfreindre les dispositions des articles 32 et 164 de l'Acte uniforme [portant organisation des procédures simplifiées de recouvrement et des voies d'exécution] suspendre l'exécution de ladite saisie qui doit se poursuivre aux risques du créancier poursuivant ; qu'il échet dès lors d'annuler l'ordonnance querellée ; mais attendu que l'ordonnance du premier président de la cour d'appel d'Abidjan ayant été annulée, la Cour de céans n'étant pas saisie du fond de l'affaire, il convient de dire qu'il n'y a pas lieu à évocation* ». Et, dans le dispositif de son arrêt, la cour a « *dit n'y avoir lieu à évocation* ».

---

[201] Ndongo Fall, communication précitée, p. 5 et 6. L'auteur énonce que « *ce pouvoir d'évocation [...] peut même aboutir à un élargissement de la saisine de la Cour au-delà des limites du droit harmonisé quand l'application et l'interprétation des normes internes connexes apparaissent nécessaires à la solution du litige* » avant de se référer à « *l'interprétation potentielle des normes de droit interne pour la solution de l'entièreté du contentieux* ».

[202] Sur cette question, voir I. Ndam, article précité.
Un autre auteur relève que « *cette circonstance qui présente le risque de donner d'une loi nationale une interprétation qui pourrait s'avérer contraire à celle issue de la jurisprudence nationale, demeure un vrai enjeu qui se nourrit de la disparité des législations nationales* » (J. Wambo, « L'efficacité opérationnelle de la Cour commune de justice et d'arbitrage de l'OHADA dans le traitement des procédures contentieuses », Recueil LGA 2019, n°30). Voir également ses critiques dans *La saisine de la Cour commune de justice et d'arbitrage de l'OHADA en matière contentieuse*, p. 129 et s.

[203] CCJA, 3e ch., 9 avril 2015, n°031/2015.

Ainsi en a-t-il également été dans un arrêt du 23 novembre 2017[204]. Il s'agissait d'un litige entre un créancier (une banque) et un débiteur (un particulier). A la suite d'un commandement aux fins de saisie immobilière, un jugement du 27 juillet 2016 du tribunal de première instance de Cotonou avait renvoyé la cause à une audience du 26 octobre 2016. Puis, une ordonnance du 13 septembre 2016, le président de la cour d'appel de Cotonou avait ordonné le sursis à exécution du jugement du 27 juillet 2016 ainsi que le sursis à continuation de la procédure d'adjudication. Sur pourvoi du créancier, la CCJA a cassé cette ordonnance du 13 septembre 2016, parce que le président de la cour d'appel de Cotonou s'était arrogé une prérogative qu'aucun texte ne lui conférait en la matière. La CCJA a ajouté, dans ses motifs : « *attendu que l'ordonnance du président de la cour d'appel de Cotonou ayant été cassée et la Cour de céans n'étant pas saisie du fond de l'affaire, il échet de dire n'y avoir lieu à évocation* » et, dans son dispositif : « *casse et annule l'ordonnance [...] rendue le 13 septembre 2016 par le président de la cour d'appel de Cotonou ; dit n'y avoir lieu à évocation* ».

Dans ces deux hypothèses, on comprend bien pourquoi les parties n'ont pas demandé à la CCJA, en cas de cassation, d'évoquer. En effet, en quelque sorte, l'annulation ne laissait plus rien à juger[205]. Cela rejoint le cas de figure visé à l'article L. 411-3 al 1 du COJ où « *la cassation n'implique pas qu'il soit à nouveau jugé au fond* ».

La lecture de ces arrêts suscite néanmoins une interrogation. Dans ces deux arrêts, la CCJA a relevé qu'elle n'était pas saisie du fond de l'affaire. Elle en a déduit qu'il n'y avait pas lieu à évocation. Il existerait ainsi un lien entre le contenu des écritures du demandeur au pourvoi et

---

[204] CCJA, 3e ch., 23 novembre 2017, n°216/2017.

[205] Voir également l'arrêt du 19 décembre 2019 (n°330/2019) dans lequel la CCJA a énoncé : « *attendu que rien ne restant à juger, il n'y a pas lieu d'évoquer* » ou encore l'arrêt du 9 mars 2006 (n°001/2006) dans lequel la CCJA a censuré une ordonnance par laquelle le premier Président de la cour d'appel d'Abidjan avait suspendu l'exécution forcée avant de juger : « *qu'il échet, en conséquence, de casser l'ordonnance n°112/2003 attaquée et, sans qu'il y ait lieu d'évoquer de dire que l'exécution forcée entreprise sera poursuivie jusqu'à son terme* ». Ou encore CCJA, 2e ch., 30 janvier 2020, n°24/2020 : « *attendu que rien ne restant à juger, il n'y a pas lieu d'évoquer* ».

l'étendue de la saisine de la CCJA. Doit-on en déduire que, lorsque le demandeur au pourvoi omet de demander, en cas de cassation de l'arrêt soumis à son contrôle, d'évoquer, la CCJA n'aurait pas la possibilité de le faire ? La lecture de l'article 14 al 5 du Traité OHADA (« *en cas de cassation, [la CCJA] évoque et statue sur le fond* ») laisse penser que la CCJA a bien ce pouvoir, indépendamment des écritures des parties.

Sur ce point, un rapprochement peut être fait avec le Conseil d'Etat et la Cour de cassation.

Il résulte de l'article L. 821-2 du CJA que le Conseil d'Etat peut régler l'affaire au fond « *si l'intérêt d'une bonne administration de la justice le justifie* ». Cette disposition ne fait aucune référence aux demandes présentées par les parties. Ainsi, le Conseil d'Etat peut régler l'affaire au fond, même si aucune des parties ne le demande[206]. Il peut même le faire sans en informer préalablement les parties[207].

De même, la Cour de cassation peut statuer au fond indépendamment des demandes des parties[208]. Mais il résulte de l'article 1015 al 2 du CPC que, lorsqu'elle envisage de statuer au fond, la Cour de cassation doit les en informer.

Ainsi, les trois juges de cassation ici étudiés peuvent, en cas de cassation, régler le fond du litige indépendamment des demandes des parties.

---

[206] Le Conseil d'Etat n'est pas tenu par les demandes des parties tendant au renvoi de l'affaire (CE, 10 juin 2000, n°189125, Rec p. 1201 ; Dario Degboe, « La cassation administrative et la bonne administration de la justice », Droit administratif, janvier 2017).

[207] B. Massignon et R. Maman, article précité.

[208] Ainsi, après avoir analysé un certain nombre d'arrêts dans lesquels la Cour de cassation a statué au fond en application de l'article L. 411-3 al 2 du COJ, des auteurs ont énoncé : « *dans la majorité des affaires précitées, les parties n'avaient pas sollicité ou envisagé dans leurs mémoires le règlement au fond par la Cour de cassation* » (B. Massignon et R. Maman, article précité).

Il est une autre hypothèse dans laquelle, on l'a vu[209], la CCJA ne peut pas évoquer l'affaire : lorsqu'elle est saisie dans le cadre de l'article 18 du Traité[210].

39. Il peut également arriver à la CCJA de casser un arrêt et de renvoyer l'affaire à une juridiction nationale. *A priori*, compte tenu de la rédaction de l'article 14 al 5 du Traité, cela semble très étonnant. Mais l'analyse des rares arrêts par lesquels la juridiction communautaire a prononcé un renvoi permet de comprendre ses causes.

Ainsi, dans une affaire, le demandeur au pourvoi reprochait à une cour d'appel, statuant en référé, de s'être prononcée sur le fond du litige. La CCJA a accueilli le pourvoi et énoncé : « *la cour d'appel de Niamey, qui siégeait en référé, s'est prononcée sur le fond du litige, violant ainsi le principe selon lequel les ordonnances du juge des référés ne doivent en aucune manière préjudicier au principal, principe repris à son compte par l'article 809 du code nigérien ; attendu que de ce qui précède, il résulte que le premier moyen du pourvoi pris en ses deux branches est fondé qu'il échet en conséquence de casser l'arrêt attaqué pour violation de la loi sans qu'il soit besoin d'examiner les autres moyens du pourvoi et de renvoyer la cause et les parties devant le juge du fond* »[211]. On peut se demander s'il s'agit là d'un véritable renvoi. Il semble que, en réalité, la solution retenue par la CCJA rejoigne celles qu'elle avait consacrée dans ses arrêts des 9 avril 2015 et 23 novembre 2017. En quelque sorte, la cassation ne laisse plus rien à juger, en référé, et la CCJA ne peut que renvoyer l'affaire devant le juge du fond.

On peut citer une autre affaire dans laquelle la CCJA était saisie d'un pourvoi dirigé contre deux arrêts de la cour d'appel d'Abidjan, l'un par lequel elle avait infirmé un jugement en ce que le tribunal s'était déclaré incompétent du fait de l'existence d'une clause compromissoire et l'autre par lequel elle avait statué sur le fond du litige. La CCJA a jugé : « *qu'en infirmant le jugement n°83 du 5 novembre 1998 en ce que le tribunal s'est déclaré incompétent d'une part et, en retenant sa compétence pour se prononcer sur le fond du litige nonobstant l'existence de la clause d'arbitrage d'autre part, la*

---

[209] Voir *supra* n°11.

[210] J. Wambo, ouvrage précité, p. 73.

[211] CCJA, 27 janvier 2005, n°002/2005. Sur cet arrêt, voir I. Ndam, article précité.

cour d'appel d'Abidjan a violé les dispositions sus énoncées de l'article 13, alinéas 1 et 2 de l'Acte uniforme susvisé et exposé ses deux décisions à la cassation ; qu'il échet en conséquence de casser les deux arrêts attaqués et de restituer au jugement n°83 du 5 novembre 1998 son plein et entier effet sans qu'il soit besoin ni d'examiner les autres moyens du pourvoi, ni d'évoquer, les questions restant à juger ressortissant à la compétence d'une juridiction arbitrale, puis de renvoyer les parties à mieux se pourvoir »[212]. La solution consacrée rejoint celle consacrée par la CCJA dans son arrêt précité du 27 janvier 2005 ; puisque la CCJA a retenu la compétence de la juridiction arbitrale, elle ne pouvait pas se prononcer sur le fond du litige et ne pouvait que renvoyer à cette juridiction arbitrale. Aussi bien dans l'arrêt du 27 janvier 2005 que dans celui du 24 février 2005, c'est l'incompétence de la juridiction qui a rendu l'arrêt frappé de pourvoi qui conduit la CCJA à renvoyer l'affaire.

Parmi les renvois prononcés par la CCJA, on peut citer un arrêt dans lequel elle a énoncé : « *attendu qu'en l'état, le litige présente à juger une question soulevant une difficulté sérieuse de nature à justifier le renvoi devant la Cour suprême de Côte d'Ivoire, seule compétente pour interpréter ses propres décisions, et qu'il y a lieu, dès lors, de surseoir à statuer jusqu'à ce que ladite Cour se prononce sur ce point* »[213]. On ne peut pas voir là une dérogation au principe posé par l'article 14 al 5 du Traité. En effet, dans cette affaire, la CCJA, après avoir cassé l'arrêt soumis à son contrôle, a bien évoqué l'affaire – même si, dans le cadre de l'évocation, elle a demandé à la Cour suprême de Côte d'Ivoire d'interpréter ses propres décisions.

Dans une autre affaire encore, la CCJA a cassé l'arrêt soumis à son contrôle avant de prononcer un renvoi. La reproduction des motifs relatifs à l'évocation permet de bien comprendre les raisons de cette décision : « *attendu que le premier juge a, en la cause, appliqué à tort les dispositions de l'Acte uniforme précité, à une procédure collective ouverte antérieurement à sa date d'entrée en vigueur, soit le 1er janvier 1999 ; attendu que pour les mêmes motifs que ceux ayant justifié la cassation de l'arrêt attaqué, il y a lieu d'annuler le jugement entrepris*

---

212 CCJA, 1ère ch., 24 février 2005, n°012/2005. Sur cet arrêt, voir I. Ndam, article précité.

213 CCJA, 13 août 2001, n°02/2002. Sur cet arrêt, voir I. Ndam, article précité.

et de renvoyer les parties à se pourvoir ainsi qu'elles aviseront »[214]. On comprend que la CCJA ait considéré qu'elle était compétente pour casser l'arrêt frappé de pourvoi puisqu'il fallait censurer une cour d'appel qui avait appliqué, à tort, un Acte uniforme[215]. Et l'on comprend également que, en l'absence d'Acte uniforme applicable au litige, la CCJA ait préféré renvoyer les parties vers des juridictions internes[216].

Du fait que la CCJA casse parfois sans évoquer et qu'il peut lui arriver de renvoyer l'affaire, certains auteurs suggèrent une modification de la rédaction de l'article 14 al 5 du Traité afin que l'évocation n'apparaisse plus comme une obligation[217].

---

[214] CCJA, Ass. Plén., 19 juillet 2007, n°027/2007. Sur cet arrêt, voir I. Ndam, article précité.

[215] Le litige répond bien au critère énoncé par l'article 14 al 3 du Traité : « *la Cour se prononce sur les décisions rendues par les juridictions d'appel des Etats parties dans toutes les affaires soulevant des questions relatives à l'application des actes uniformes et des règlements prévus au présent Traité à l'exception des décisions appliquant des sanctions pénales* » ; lorsque l'objet du litige est de déterminer si un Acte uniforme lui est applicable, on peut considérer qu'il soulève bien des questions relatives à son application.
Sur la question de la fausse application d'un Acte uniforme, voir *supra* n°6.

[216] On peut rapprocher de l'arrêt du 19 juillet 2007 un autre arrêt dans lequel la CCJA, saisie d'un pourvoi dans lequel était invoquée la violation de l'Acte uniforme portant organisation des procédures simplifiées de recouvrement et des voies d'exécution, a cassé l'arrêt soumis à son contrôle avant d'énoncer : « *attendu que l'appréciation de la nature, de l'étendue et de la force probante des droits réels et des titres y afférents excipés par l'appelant sur l'immeuble litigieux relève nécessairement des normes du droit foncier burkinabè et non des dispositions de l'Acte uniforme susvisé [...] sur lesquelles les premiers juges ont fondé leur décision, et qui sont manifestement inapplicables en la cause pour trancher un litige portant principalement sur la propriété du même immeuble adjugé à l'une des parties litigantes et revendiqué par l'autre ; qu'il échet par suite d'annuler le jugement entrepris, de se déclarer incompétent à statuer en la cause et de renvoyer les parties à se pourvoir ainsi qu'elles aviseront* » (CCJA, 26 février 2009, n°011/2009). Apparaît de nouveau l'idée qu'un Acte uniforme n'était pas applicable au litige, ce qui justifiait tant la cassation de l'arrêt que l'absence d'évocation.

[217] Un auteur affirme ainsi qu'« *au regard de la pluralité des cas de renvois après cassation et de la prise en compte du fait que dans certains arrêts, la CCJA casse sans évoquer et sans renvoyer devant les juridictions nationales, il y a lieu de penser à la transformation du devoir d'évocation en une faculté d'évocation. Le législateur peut disposer clairement qu'en cas de cassation, la Cour peut évoquer si l'affaire est en*

B) Les modalités de l'évocation

40. On présentera d'abord quelques observations relatives aux pouvoirs des juges (1) puis à la rédaction des arrêts (2).

1) Les pouvoirs du juge

41. Dans le cadre de l'évocation, la CCJA peut rejuger les faits[218]. Cela rejoint ce que font le Conseil d'Etat, lorsqu'il règle le litige au fond, et la Cour de cassation, lorsqu'elle statue au fond[219].

La CCJA peut, dans le cadre de son pouvoir d'évocation, prononcer une mesure d'instruction[220]. Le Conseil d'Etat en a également la possibilité[221]. Il pourrait en être de même devant la Cour de cassation[222].

Devant le Conseil d'Etat réglant l'affaire au fond, aussi bien les pièces nouvelles que les moyens nouveaux sont recevables[223]. Il en est

---

état d'être jugée au fond, s'il y a lieu à évoquer ou si l'évocation n'est pas dépourvu d'intérêt » (I. Ndam, article précité).

[218] Ibrahim Ndam, « L'évocation : en matière judiciaire : obligation ou simple faculté pour la Cour commune de justice et d'arbitrage ? Revue de l'Ersuma, 2013

[219] B. Massignon et R. Maman, article précité.

[220] Article 34 du règlement intérieur : « *en cas d'évocation, la Cour peut ordonner toutes mesures d'instruction qu'elle estime utiles* ». Sur ce point, voir Eugène Assepo Assi, article précité, p. 943 et s., spéc p. 954.

[221] Ainsi, dans une décision du 24 juillet 2009 (n°321392), le Conseil d'Etat, après avoir cassé l'ordonnance soumise à son contrôle, a dit qu'il serait procédé à une expertise. Sur cette question, voir J. Massot, O. Fouquet, J-H Stahl, M Guyomar, A. Bretonneau, ouvrage précité, n°552.

[222] Des auteurs affirment : « *en théorie, rien ne ferait non plus obstacle à ce qu'une nouvelle demande d'expertise puisse être formulée* » (B. Massignon et R. Maman, article précité).

[223] Des auteurs relèvent que « *lorsqu'il décide de régler l'affaire au fond, le Conseil d'Etat statue dans les mêmes conditions que la juridiction à laquelle il aurait pu renvoyer le litige* » (Jurisclasseur Justice administrative, Fasc 80-24, n°34).

de même devant la Cour de cassation[224]. Certains auteurs[225] estiment que cela ne serait pas possible devant la CCJA, juge de l'évocation. Pour notre part, nous voyons mal ce qui s'y opposerait.

En revanche, des demandes nouvelles ne peuvent être présentées au stade de l'évocation[226]. Il en est de même devant la Cour de cassation statuant au fond[227] et devant le Conseil d'Etat réglant l'affaire au fond.

2) La rédaction des arrêts

42. Dans les arrêts de la CCJA, les motifs relatifs à l'évocation sont souvent très succincts.

Cela peut sembler, *a priori*, surprenant. En effet, la cassation suivie d'une évocation signifie que la CCJA doit rejuger l'entier litige[228]. Et on imagine mal que cela puisse se faire en quelques lignes.

Un rapprochement avec les arrêts de la Cour de cassation et du Conseil d'Etat est éclairant.

---

[224] L'article 563 du CPC prévoit la possibilité, pour les parties, d'invoquer de nouveaux moyens et de produire de nouvelles pièces en cause d'appel. Des auteurs relèvent que les parties sont informées que la Cour de cassation est susceptible, en cas de cassation, de statuer au fond et qu'elles « *ont ainsi la possibilité d'anticiper un tel règlement en produisant lorsque cela s'avère nécessaire de nouvelles pièces, voire en formant de nouveaux moyens* ». Ils ajoutent « *comme elles le peuvent devant une cour d'appel de renvoi, les parties devraient donc pouvoir soumettre à la Cour de cassation statuant comme juge du fond de nouvelles pièces ou de nouveaux moyens* » (B. Massignon et R. Maman, article précité).

[225] Véronique Carole Ngono, Réflexions sur l'espace judiciaire OHADA, n°33 : « *les plaideurs sont privés devant la CCJA de la faculté d'émettre de nouvelles prétentions ou de développer de nouveaux moyens* ». Voir également Eugène Assepo Assi, article précité, p. 943 et s., spéc p. 954.

[226] Ndongo Fall, communication précitée, p. 5.

[227] Cette interdiction résulte de l'article 564 du CPC qui interdit aux parties de soumettre de nouvelles prétentions en cause d'appel.

[228] A l'exception des rares cas où la CCJA prononce une cassation partielle de l'arrêt : CCJA, 2e ch., 23 mars 2017, arrêt n°045/2017

L'analyse des rares arrêts dans lesquels la Cour de cassation a utilisé la faculté que lui confère dorénavant l'article L. 411-3 du COJ révèle qu'elle le fait au terme de brefs motifs[229], ceux-ci ne dépassant généralement[230] pas deux ou trois lignes.

Cela peut s'expliquer. La doctrine a relevé que la Cour de cassation avait tendance à statuer au fond dans des affaires où la question posée était circonscrite[231]. Dès lors, les motifs qui correspondent sont brefs. En quelque sorte, à question limitée, motifs limités[232].

L'idée est certainement transposable au Conseil d'Etat[233].

Mais elle ne l'est pas à la CCJA. En effet, puisque l'évocation est obligatoire devant la CCJA, celle-ci ne peut pas sélectionner les litiges qui se prêtent le plus facilement à un règlement au fond. Ainsi, elle peut être saisie de litiges complexes et être tenue d'évoquer là où la Cour de cassation ou le Conseil d'Etat, dans un souci de bonne administration de la justice, préfèreraient renvoyer[234].

---

[229] Pour un recensement des arrêts par lesquels la Cour de cassation a statué au fond, en application de l'article L. 411-3 al 2 du COJ, voir B. Massignon et R. Maman, article précité.

[230] Nous n'avons eu connaissance que d'un seul arrêt dans lequel les motifs par lesquels la Cour de cassation a statué au fond étaient développés : Ass. Plén., 4 octobre 2019, pourvoi n°10-19.053.

[231] B. Massignon et R. Maman, article précité.

[232] Des auteurs relèvent : « *la motivation des arrêts de la Cour de cassation lorsqu'elle statue au fond est plutôt concise, ce qui peut de prime abord surprendre [...] La concision de la motivation peut néanmoins s'expliquer par le fait que, comme on l'a vu, la haute juridiction ne statue au fond que sur des questions très ciblées que le débat en cassation a déjà, pour l'essentiel, tranchées* » (B. Massignon et R. Maman, article précité).

[233] Pour un exemple récent de règlement de l'affaire au fond par le Conseil d'Etat, voir : CE, 8 janvier 2020, n°427.217.

[234] Des auteurs relèvent que « *la plupart des affaires ne se prête pas à un règlement au fond par la Cour de cassation. Là où le pourvoi en cassation cible souvent un ou deux points, le litige peut en réalité porter sur des problématiques plus larges et plus nombreuses, auquel il n'est pas aisé de mettre fin* » (B. Massignon et R. Maman, article précité).

De ce point de vue, on peut s'étonner que les motifs relatifs à l'évocation soient aussi brefs dans les arrêts de la CCJA.

43. La CCJA a 26 ans ; cette juridiction est encore assez jeune. Depuis 1993, son champ de compétence s'est considérablement étendu. Elle est ainsi devenue une juridiction africaine de tout premier plan.

On a vu que, compte tenu des imperfections des juridictions de cassation nationales, la CCJA était devenue le juge de cassation en matière de droit commercial[235] et que, compte tenu des imperfections des juridictions du fond nationales, elle était devenue juge de l'évocation[236]. Cette juridiction étant ainsi née en raison des imperfections des juridictions nationales, elle doit essayer de se montrer à la hauteur des espoirs qu'elle a suscités.

La procédure devant la CCJA s'appuie sur un Règlement de procédure dont la rédaction, dans l'ensemble[237], est satisfaisante. L'analyse de sa jurisprudence, établie par des magistrats sélectionnés en fonction de leur compétence, a révélé que, la plupart du temps, ses décisions étaient bien motivées[238].

---

[235] Voir *supra* n°3.

[236] Voir *supra* n°35.

[237] Rares sont les articles dont la modification peut être suggérée. On pense là à l'article 28 qui ne prévoit que la signification au requérant et non par le requérant (voir *supra* n°14), à l'article 28 bis qui définit les différents cas d'ouverture (voir *supra* n°27), à l'article 28 ter qui dispose que chaque moyen ou élément de moyen doit « *mettre en œuvre au moins un des cas d'ouverture visés à l'article précédent* » (voir *supra* n°28) et à l'article 32 relatif aux ordonnances que peut rendre la CCJA (voir *supra* n°30).

[238] On peut néanmoins regretter les rares arrêts par lesquels la CCJA a retenu sa compétence en se référant aux moyens des parties (*supra* n°6). S'agissant de la cassation, on peut critiquer certaines solutions comme celle par laquelle la CCJA a jugé un pourvoi irrecevable en raison de la production de pièces nouvelles (voir *supra* n°29). S'agissant de l'évocation, il semblerait préférable que les motifs soient parfois un peu plus étayés (voir *supra* n°42).

Une analyse empirique[239] de ses arrêts révèle que la CCJA, qui est saisie d'environ 200 recours par an[240], a beaucoup progressé en matière de délais d'instruction. Auparavant, elle statuait dans un délai généralement situé entre deux et trois ans[241]. Cela était un peu long au regard des standards actuels de la Cour de cassation française[242]. Cependant, il n'était pas choquant comparé au temps mis par certains juges de cassation nationaux pour statuer. Depuis quelque temps, la CCJA semble statuer dans des délais beaucoup plus brefs, d'environ un an[243], ce qui est remarquable.

La CCJA, située en Côte d'Ivoire, est assez distante de beaucoup des justiciables qui en dépendent. Il est à craindre que cette distance, et les coûts[244] qu'elle induit, puisse décourager un certain nombre de justiciables de la saisir.

---

[239] Analyse simplement fondée sur un rapprochement entre la date de dépôt du recours et celle du prononcée de l'arrêt.

[240] Entre 1998 et 2019, elle a rendu 1974 arrêts (P. Lendongo, communication précitée).

[241] Ainsi, si l'on analyse, par exemple, les huit arrêts rendus par la CCJA le 11 janvier 2018, il apparaît que ces recours ont été instruits dans un délai situé entre deux ans et deux semaines et deux ans et sept mois.

[242] Il faut observer que la Cour de cassation n'a pas toujours statué dans des délais aussi brefs qu'aujourd'hui où les pourvois sont instruits, en moyenne, en 13/14 mois. Ainsi, en 2000, les pourvois étaient instruits par la Cour de cassation, en moyenne, dans un délai de 768 jours, soit deux ans (Rapport annuel 2003, p. 595).

[243] Ainsi, récemment, la CCJA a statué en moins de huit mois (CCJA, 1ère ch, 7 novembre 2019, n°260/2019 ; CCJA, 1ère ch., 12 décembre 2019, n°322/2019), en dix mois (CCJA, 3e ch., 19 décembre 2019, n°344/2019), en onze mois (CCJA, 1ère ch., 28 novembre 2019, n°271/2019 ; CCJA, 30 janvier 2020, n°24/2020) ou en un an et deux mois (CCJA, 3e ch., 30 janvier 2020, n°28/2020).

Il a été récemment affirmé que la CCJA statuait actuellement dans un délai situé entre 7 et 8 mois (Fl. Dalmeida, Colloque « L'OHADA en marche », Brazzaville, février 2020).

On observera que le fait que les moyens de cassation soient formulés dès le recours (voir *supra* n°16) permet d'accélérer l'instruction des pourvois.

[244] Coûts auxquels il faut ajouter celui de l'avocat ou encore de la constitution d'une provision (article 32 du Règlement intérieur de la CCJA).

Une chose est néanmoins certaine : aujourd'hui, la jurisprudence de la CCJA est beaucoup mieux diffusée[245] que celle des Cours suprêmes des différents Etats signataires du Traité OHADA[246]. Or, ce Traité a été signé pour mettre fin à l'insécurité juridique et juridictionnelle qui pouvait inquiéter les investisseurs[247]. A l'évidence, la publication de la jurisprudence participe de la sécurité juridique : sur ce point, la CCJA répond parfaitement aux objectifs des fondateurs du Traité.

---

[245] La diffusion de la jurisprudence de la CCJA permet un travail utile de la doctrine. Sans revenir sur les rapports entre l'Ecole et le Palais, il est évident que la diffusion de la jurisprudence donne du « grain à moudre » à la doctrine.

[246] Il suffit de consulter les sites Internet de ces juridictions suprêmes pour constater les limites de cette diffusion.

Sur cette question, voir H. Djibo, « La diffusion de la jurisprudence des Cours suprêmes francophones d'Afrique, colloque de l'AHJUCAF », 13/14 juin 2019, Beyrouth.

[247] Voir *supra* n°1.

LA CIRCULATION DES SENTENCES ET DECISIONS DANS L'ESPACE OHADA

par Marie GORE[248]
Professeur à l'Université Paris II-Panthéon-Assas
Directeur de l'Institut de droit comparé
Co-directeur du DIU Juriste OHADA

1. Le choix de ce thème lors de ces journées est révélatrice de la sagacité des organisateurs qu'il me faut chaleureusement remercier, Eric Dibas-Franck bien entendu, notre tout nouveau et premier président de l'Association Henri Capitant-Congo, et Monsieur le Doyen de la Faculté de droit de l'université Marien Ngouabi. Mais il faut également saluer les professionnels présents, sans qui la dynamique de l'Ohada n'existerait pas ainsi que les nombreux étudiants qui témoignent de ce que ce colloque s'inscrit tout naturellement dans la continuité du Diplôme Interuniversitaire Juriste Ohada, organisé par voie numérique comme en présentiel, par les universités Paris II et Paris XIII qui l'ont conjointement créé, alors que rien n'existait dans l'offre de formation universitaire.

Plus qu'un droit uniforme, l'OHADA institue un véritable système juridique propre, pourvu d'institutions spécifiques, et notamment d'un organe juridictionnel chargé d'assurer la cohérence de l'ensemble du système, la CCJA. Dans un espace juridique unifié, libéré des divergences législatives, il n'était pas envisageable de laisser l'interprétation du droit unifié au bon vouloir des juridictions nationales. Sans l'institution d'une juridiction supranationale, l'unification réalisée par les Actes uniformes demeurerait fragile et exposée aux aléas des conceptions nationales. D'où l'importance de l'office de la CCJA qui comporte, on le sait, deux facettes : c'est une Cour commune de Justice et un Centre régional d'arbitrage.

[248] La forme orale de l'exposé a été conservée

2. S'il faut louer l'existence d'un appareil normatif et institutionnel, force est de relever l'absence de véritable espace judiciaire Ohada. Certes quelques règles montrent que l'espace judiciaire est en marche. L'instauration d'une Cour suprême supranationale est une première étape. L'uniformisation de certaines procédures en est une seconde. On songe par exemple à l'article 33 de l'AUPSVE qui reconnait comme titres exécutoires les actes et décisions juridictionnelles étrangers : mais l'extranéité n'est pas définie et aucune règle ne fixe la circulation du titre. On peut citer également l'article 247 de l'Acte uniforme portant organisation des procédures collectives d'apurement du passif qui évoque l'autorité de chose jugée sur le territoire de tous les États parties de la décision d'ouverture et de clôture de la procédure collective. Mais ce sont là des règles éparses et qui ne constituent en rien un ensemble cohérent et structuré.
Le traité est en effet silencieux sur la circulation des décisions au sein de l'Ohada. Aucun Acte uniforme, en tout cas pour le moment, n'est expressément consacré au droit international privé, ni dans ses aspects de conflits de lois, ni pour les conflits de juridictions. De son côté, l'Acte uniforme relatif au transport de marchandises par route énonce dans son article 27 alinéa 3 : « Lorsqu'un jugement rendu par une juridiction d'un État partie est devenu exécutoire dans cet État partie, il devient également exécutoire dans chacun des autres pays membres aussitôt après accomplissement des formalités prescrites à cet effet dans l'État intéressé ». Autant dire que la difficulté est renvoyée aux législations nationales, lesquelles ont toute latitude pour fixer le régime de l'exécution, avec une seule restriction, celle de ne pas pouvoir autoriser la révision de l'affaire au fond. C'est peu.

3. Pourtant, la circulation des décisions et sentences arbitrales est primordiale pour le droit des affaires en Afrique. Les enjeux de cette circulation sont de deux types. Il s'agit d'abord de l'effectivité du droit Ohada. Et qui dit effectivité, dit sécurité juridique. Le droit Ohada ne peut être une réalité tangible et utile pour les investisseurs que s'il est appliqué, exécuté dans des conditions respectueuses des intérêts de la justice et des justiciables. Ce qui suppose une confiance mutuelle entre les États, dans l'espace Ohada d'une part, et entre l'espace Ohada et les autres organisations régionales d'autre part. Ce dernier aspect, compte tenu du temps qui m'est imparti, ne sera pas traité ici en dépit de son importance.

Il s'agit ensuite de l'originalité du système juridique Ohada par rapport aux expériences d'intégration ou d'unification juridique déjà existantes dans le monde. La question est précisément ici celle de trouver une solution appropriée au contexte économique et social du continent africain, et non d'effectuer un copier/coller de solutions connues et appliquées ailleurs. Qu'il s'agisse de conventions internationales ou de l'exemple européen.

3. Sans doute la circulation des décisions et des sentences arbitrales dans un espace commun régional doit-elle être facilitée. Mais de nombreuses interrogations surgissent. Quels effets sont recherchés au-delà des frontières : force probante, effet de fait, reconnaissance de plein droit, exécution forcée, autorité de chose jugée ? Les projets d'unification devront répondre à ces questions. Sans doute également les contrôles devront-ils être limités dans toute la mesure du possible. La souveraineté des États postulant leur indépendance peut paraître relative : avec le Traité, les États ont abandonné leur souveraineté dans le domaine délimité par l'Ohada. Mais pour autant les contrôles, au premier rang desquels figure l'exequatur, ne sont pas seulement là pour protéger les intérêts de l'État. Ils permettent également la prise en considération et la défense des droits individuels et notamment, les garanties d'un procès juste et équitable. D'où leur utilité.

L'examen conjoint de la circulation des décisions et des sentences arbitrales offre pour l'heure un paysage diversifié. Et, selon les hypothèses, le bilan et les perspectives sont plus ou moins clairs. Il existe quelques certitudes : c'est le régime de la circulation des décisions et sentences de la CCJA (I). Des hésitations apparaissent plus nettement s'agissant de la circulation des sentences autres que celles régies par la CCJA (II). Enfin, tout reste à construire quant à l'efficacité des décisions nationales ou des décisions rendues dans un État tiers (III).

I- LA CIRCULATION DES DECISIONS ET DES SENTENCES DE LA CCJA

4. S'agissant des arrêts de la CCJA proprement dits, la sécurité juridique est au maximum. Le texte est connu : c'est l'article 20 du Traité, qu'il faut associer à l'article 46 du Règlement Procédure. Les arrêts de la

CCJA sont assimilés aux décisions juridiques nationales et en ont les attributs : autorité de la chose jugée et force exécutoire. Ils bénéficient donc d'un statut particulier dans les États parties : il n'est aucun besoin de recourir à une procédure d'exéquatur devant le juge étatique. « Ils reçoivent sur le territoire de chacun des États parties une exécution forcée dans les mêmes conditions que les décisions des juridictions nationales ». Et il convient de souligner l'importance concrète d'une telle solution. Par application de l'article 41 du Règlement procédure, les arrêts de la CCJA ont force obligatoire à compter du jour de leur prononcé. L'efficacité de la décision a pour effet de neutraliser toute décision contraire d'une juridiction d'un État membre. Tout le contentieux de l'exécution des décisions rendues par la Cour relève de la Cour elle-même et du président de la CCJA : le sursis à exécution par exemple ne peut émaner que du président de la CCJA.

5. Cette efficacité se retrouve-t-elle avec la même force quant aux sentences arbitrales rendues sous l'égide de la CCJA ? C'est on le sait l'article 25 du traité qui régit cette question.
Les sentences arbitrales rendues conformément au Titre 4 ont « l'autorité définitive de la chose jugée sur le territoire de chaque État partie au même titre que les décisions rendues par les juridictions de l'État ». Ce qui concrètement permet de prendre immédiatement des mesures conservatoires. Quant à l'exécution forcée, elle suppose une décision d'exequatur, dit exequatur communautaire. Qui relève de la compétence exclusive de la CCJA. Plus exactement d'une ordonnance du président de la cour ou du juge délégué à cet effet. C'est une véritable originalité qu'il convient de relever. Le président de la CCJA ne peut refuser l'exequatur que dans quatre cas, ce qui est plus restrictif que la Convention de New York du 10 juin 1958 qui prévoit cinq cas. On peut difficilement faire mieux en terme de sécurité juridique et dans la mise en place d'un espace judiciaire intégré.

6. Sans doute des esprits chagrins apporteront-t-ils quelques nuances à ce tableau. L'exequatur est communautaire certes, mais la formule exécutoire est nationale. Autant de formules exécutoires que de pays où l'on doit exécuter, et tout dépendra en fin de course du bon vouloir ou de la diligence des autorités nationales, greffier ici, autorité judiciaire là ou administrative ailleurs. L'article 46 du Règlement Procédure

prévoit que l'apposition de la formule exécutoire est soumise au seul contrôle étatique de l'authenticité du titre, ce qui, s'agissant des arrêts de la CJA, ne soulèvera pas de difficulté. La procédure est plus lourde qu'en droit européen, dont l'article 39 du Règlement Bruxelles I bis prévoit qu'une « une décision rendue dans un État membre et qui est devenue exécutoire dans cet État jouit de la force exécutoire dans les autres États membres sans qu'une déclaration constatant la force exécutoire soit nécessaire ». Mais le contexte est tout autre. En tout état de cause, mais cela est inévitable, les mesures d'exécution forcée relèvent des États ce qui conduit à des réponses diversifiées selon les États et à d'éventuelles résistances.

II- QU'EN EST-IL POUR LES SENTENCES ARBITRALES AUTRES QUE CELLES REGIES PAR LA CCJA ?

7. Un mot résume la situation ici, celui de diversité et peut être même celui de confusion.
En réalité, il importe de distinguer selon les sentences, celles régies par l'Acte uniforme d'abord et celles rendues sur le fondement de règles différentes ensuite.

8. Les sentences régies par l'Acte uniforme. Il s'agit de l'arbitrage ad hoc ou de l'arbitrage institutionnel ayant pour siège un État de l'Ohada. Ce sont les articles 30 à 33 de l'AUA qui sont concernés. En vertu de l'article 30 de l'Acte Uniforme « la sentence arbitrale n'est susceptible d'exécution forcée qu'en vertu d'une décision d'exequatur rendue par la juridiction compétente dans l'État partie ». Le régime mis en place est le suivant : l'exequatur doit être demandé devant le juge compétent de l'État requis, lequel peut rejeter la demande dans la seule hypothèse de la contrariété à l'ordre public international (art. 31 al.4). Ce qui appelle deux remarques.

D'une part, on parle d'exequatur « automatique ». En effet, il résulte de l'article 31, alinéa 5, que si à l'expiration du délai de quinze jours à compter de sa saisine, la juridiction n'a pas rendu son ordonnance, l'exequatur est réputé accordé. Ce qui soulève deux difficultés qu'on ne peut approfondir ici, mais qu'il faut au moins citer : celle de la mise en œuvre concrète dans les États parties, et celle du temps requis pour motiver.

D'autre part, la référence à l'ordre public a, on le sait, évolué. Selon les textes concernés, il était question « d'ordre public international », « d'ordre public des États parties », ou « d'ordre public des États signataires du Traité ». L'expression utilisée, désormais unique, est celle d'ordre public international. Ce qui laisse entendre que l'on pourrait être en présence d'un ordre public propre à l'Ohada dont les juges nationaux devront définir les contours. Ce qui risque de conduire à une appréciation peu uniforme.

9. Les sentences rendues sur le fondement de règles différentes de l'Acte uniforme. Deux catégories de sentences peuvent être regroupées ici. D'abord, il existe des sentences rendues sur le fondement de règles différentes de l'Ohada, mais dans l'espace Ohada. Les parties ont en effet pu choisir une loi autre que celle de l'AUA pour régir l'arbitrage. Ensuite, il faut évoquer le cas des sentences rendues dans un État tiers à l'Ohada.

Il semble que l'article 34 de l'Acte uniforme régisse ces deux hypothèses.

L'art 34 de l'Acte uniforme précise à cet égard : « Les sentences arbitrales rendues sur le fondement de règles différentes de celles prévues par le présent Acte uniforme sont reconnues dans les Etats parties, dans les conditions prévues par les conventions internationales éventuellement applicables et, à défaut dans les mêmes conditions que celles prévues par les dispositions du présent Acte uniforme ». Une distinction devra donc être faite selon que les États concernés sont liés, ou non, par la Convention de New York.

La convention de New York s'applique si les États sont tous deux liés par la convention. A défaut, les règles de l'Acte uniforme s'appliquent.

Ce qui appelle deux observations. D'une part, il semble bien, que les sentences seront plus efficaces dans les États Ohada non parties à la convention de New York, compte tenu des conditions limitatives posées par l'Acte uniforme pour refuser l'efficacité.

D'autre part, l'article 34 fait référence exclusivement à la convention internationale applicable et ne permet pas à la partie de se prévaloir des dispositions de l'Acte uniforme qui seraient plus favorables. Ce que l'on pourrait regretter.

III- QU'EN EST-IL DE LA CIRCULATION DES DECISIONS NATIONALES OU EMANANT D'UN ÉTAT TIERS ?

11. A cet égard, le Traité est silencieux. Seule une réponse indirecte est fournie par l'AU relatif au transport de marchandises par route, l'article 27 alinéa 3 déjà évoqué. Il appartient donc, dans le domaine spécifique des transports par route, aux législations nationales de fixer les règles à suivre pour l'exéquatur des décisions concernées, étant entendu que toute révision au fond est interdite.

12. Autant dire que la question est sujette à la diversité des législations nationales qu'on ne saurait ici passer en revue. Tout au plus pourrait on suggérer quelques points qui mériteraient d'être précisés si le législateur OHADA construisait une circulation harmonisée des décisions nationales. Un premier point ne fait pas de doute. L'interdiction de la révision au fond devrait pouvoir être la règle dans le contexte OHADA, à défaut de quoi il n'y aurait pas de véritable régime d'efficacité des décisions reposant sur la confiance entre les États-parties de l'OHADA.

13. D'autres éléments du régime de circulation des décisions devront donner lieu à des choix importants lors d'une éventuelle construction En premier lieu, il conviendrait de s'interroger sur les critères de régularité de la décision étrangère, qu'il s'agisse de celle d'un État-partie à l'Ohada, ou d'un État tiers. On pourrait, tirant profit des expériences européennes, prévoir que quatre paramètres devraient être contrôlés : la compétence du juge étranger, la conformité de la décision à l'ordre public substantiel et procédural, et l'absence de fraude, étant entendu que le contrôle pourrait être plus strict s'agissant de décisions émanant d'un État tiers à l'Ohada. Faut-il d'ores et déjà écarter tout contrôle de la loi appliquée par la décision étrangère, ou est-ce trop tôt en l'absence, au moins dans le cadre de l'Ohada, de toute unification du conflit de lois ? La question méritera d'être approfondie.

14. Une seconde interrogation s'impose quant au principe même du maintien ou non de la procédure d'exéquatur. Et cette difficulté en appelle d'autres. Faut-il un exequatur a priori ou a posteriori ? La contestation doit-elle être incidente à l'exécution forcée, ce qui permettrait de bloquer la réception de la décision étrangère dans le pays

requis si nécessaire. De plus, qui est en charge du contrôle ? Seule l'autorité de l'État requis est, en principe, en mesure d'exercer un contrôle. Mais faut-il, comme certains l'ont imaginé, donner cette mission à la CCJA ? Cette solution devrait s'imposer, d'autant qu'elle ferait une fois de plus du législateur Ohada un précurseur.

15. Deux observations peuvent être exprimées en guise de conclusion. Le choix d'une approche plus ou moins libérale quant à la circulation des décisions ou des sentences est à l'évidence tributaire du degré d'harmonisation en amont des règles de compétence ou des procédures existantes. C'est donc une vision d'ensemble qu'il faut avoir à l'esprit : compétence et efficacité des décisions doivent être conçues comme un tout. L'espace judiciaire européen a pris du temps ; il est le fruit d'une longue évolution. La maturation est nécessaire parce que la confiance s'apprivoise. Il faut laisser du temps au temps. Et qui dit confiance, dit compréhension et coopération entre les juges et les États. Je suis certaine que tous les étudiants présents contribueront à cette dynamique qui est la garantie d'un véritable espace judiciaire Ohada.

LES ACTIVITES JUDICIAIRES DE LA CCJA - OHADA DE 1998 A 2019 PAR LES STATISTIQUES

par Maître Paul LENDONGO

Ancien Greffier en chef et Secrétaire Général de la CCJA (2008-2019), Docteur en Sciences de Gestion de l'Université Internationale de Dakar-formateur à l'ERSUMA (Porto-Novo-Bénin), ENAM (Congo) et à l'INFJ de Côte d'Ivoire

Introduction

La CCJA exerce les attributions contentieuse, consultative et arbitrale en conformité avec l'article 14 du Traité de l'OHADA.

Les activités judiciaires de la Cour sont illustrées par les statistiques de requêtes ou de demandes reçues, des arrêts rendus et des avis émis.

En matière arbitrale par le nombre des demandes reçues et des sentences examinées par la Cour.

Une estimation de la durée de traitement d'une affaire à la Cour sera faite dans la troisième partie de la communication.

Une présentation préalable de la Cour semble être indispensable.

I- PRESENTATION DE LA COUR

I.1. Historique

La Cour est l'une des institutions techniques de l'OHADA.
La Cour a été installée en avril 1997 à Abidjan en Côte d'Ivoire.
Elle a reçu ses premiers pourvois en 1998 et a commencé à rendre ses premiers arrêts en 2001.
Le nombre de juges en 1997 était de 07 ressortissants de la Centrafrique, du Gabon, de la Guinée Bissau, du Mali, du Niger, du Sénégal et du Tchad ;

Depuis 2018, la Cour est composée de 13 juges ressortissants du Burkina Faso, du Cameroun, de la Centrafrique, du Congo, de la Côte d'Ivoire, du Gabon, de la Guinée, de la Guinée Equatoriale, du Mali, du Niger, de la R.D. Congo, du Sénégal, du Tchad et du Togo pour un mandat de sept (07) ans non renouvelable (Art. 1er al.3 du R.P.).

Les juges sont assistés dans leurs fonctions par des Juristes Référendaires. (Art.26.Règlement de Procédure.).

Le Centre d'Arbitrage de la Cour, épine dorsale de la procédure arbitrale, est assuré par un Secrétaire général sous le contrôle de la Cour.

Le greffe est animé par quatre (04) greffiers dont un greffier en chef.

Trois (03) secrétaires participent aux activités du greffe de la Cour.

Le personnel de la Cour est composé :

- du personnel international de l'exécutif c'est-à-dire les juges ;
- du personnel international de l'encadrement, c'est-à-dire le Secrétaire général du centre d'arbitrage, les Juristes référendaires, le Greffier en chef, le Documentaliste en chef et le responsable du système d'information qui sont nommés pour un mandat de quatre (04) ans renouvelable une seule fois ;
- du personnel local recruté sur le plan local pour un mandat de trois (03) ans renouvelable.

II- LES STATISTIQUES

Les statistiques renseignent sur le nombre de pourvois ou de demandes d'arbitrage reçus, le nombre des arrêts rendus et la durée de traitement des affaires portées devant la Cour.

II.1. : Statistiques en matière contentieuse par Etats Parties

A. Période 1998 - 2006

Provenance	Pourvois	Arrêts	Cassés	Incomp.	Rejet	Irrecev.	Annul.	Rect.	Inst.
Benin	7	3		2	1				
Burk.F.	9	1			1				
Cameroun	63	15	7	4	1	3			
RCA	4								
Comores	0	0	0	0	0	0	0	0	
Congo	15	1				1			
RCI	304	103	37	13	35	13	3	1	1
Gabon	16	2			1	1	0	0	

Guinée	14	4	1	2		1	0		
G.B.	0	0	0	0	0	0	0	0	
G.E.	0	0	0	0	0	0	0	0	
Mali	21	5	1	2	0	1		1	
Niger	17	3	3	0	0	0	0	0	
Sénégal	11	3	0	0	2	1	0	0	
Tchad	9	4	0	2	1	1	0	0	
Togo	7	1	0	0	1	0	0	0	
OHADA	0	1	0	0	0	0	0	0	
TOTAL	**497**	**146**	**47**	**25**	**43**	**22**	**03**	**02**	**01**

Synthèse 1998 - 2006

PROVENANCE	Pourvois	Arrêts	Cassés
BENIN	7	3	0
BURK.F.	9	1	0
CAMEROUN	63	15	7
RCA	4	0	0
COMORES	0	0	0
CONGO	15	1	0
RCI	304	103	37
GABON	16	2	0
GUINEE	14	4	1
G.B.	0	0	0
G.E.	0	0	0
MALI	21	5	1
NIGER	17	3	3
SENEGAL	11	3	0
TCHAD	9	4	0
TOGO	7	1	0
OHADA		1	0
TOTAL	**497**	**146**	**47**

B. Période 2007 - 2010

Prov.	Pouv.	Arrêts	Cassés	Incomp.	Rejet	Irrec.	Annul.	Rectif.	Inst.
Benin	8	5	1	1	3	0	0	0	0
Burk.F.	14	7	1	1	2	1	2	0	0
Camer.	78	31	11	5	8	5	0	1	0
RCA	9	3	0	0	1	2	0	0	0
Comores	1	0	0	0	0	0	0	0	0
Congo	7	5	1	0	2	2	0	0	0
RCI	183	128	32	7	63	15	8	2	1
Gabon	18	11	5	2	2	2	1	0	0
Guinée	22	8	2	1	3	1	1	0	0
G.B.	2	1	0	0	1	0	0	0	0
G.E	2	0	0	0	0	0	0	0	0
Mali	23	12	4	0	7	0	1	0	0
Niger	20	8	2	0	4	1	0	1	0
Sénégal	58	5	2	1	1	1	0	0	0
Tchad	9	3	0	0	2	1	0	0	0
Togo	13	3	2	0	1	0	0	0	0
RDC	0	0	0	0	0	0	0	0	0
OHADA	1	1	0	0	0	0	0	0	0
TOTAL	**468**	**231**	**63**	**18**	**100**	**31**	**13**	**04**	**01**

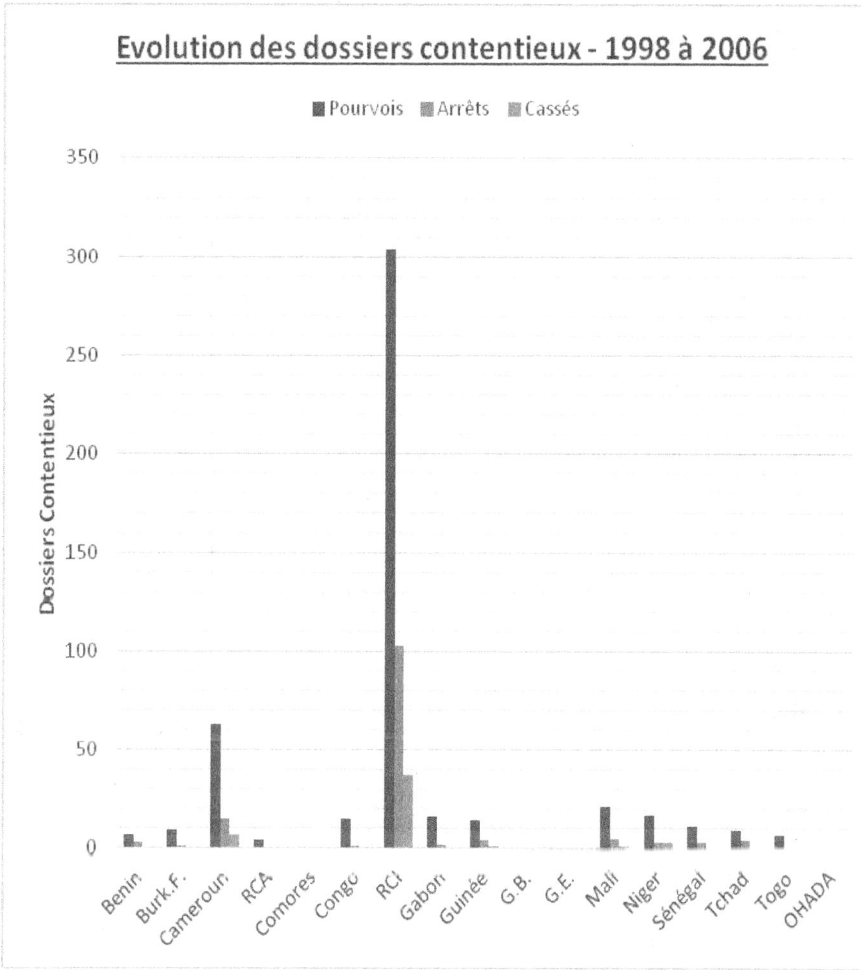
Evolution des dossiers contentieux - 1998 à 2006
Pourvois
Arrêts
Cassés
Dossiers Contentieux
350
300
250
200
150
100
50
0
Benin
Burk.F.
Cameroun
RCA
Comores
Congo
RCI
Gabon
Guinée
G.B.
G.E.
Mali
Niger
Sénégal
Tchad
Togo
OHADA

Synthèse 2007 - 2010

PROVENANCE	Pourvois	Arrêts	Cassés
BENIN	8	5	1
BURK.F.	14	7	1
CAMER.	78	31	11
RCA	9	3	0
COMORES	1	0	0
CONGO	7	5	1
RCI	183	128	32
GABON	18	11	5
GUINEE	22	8	2
G.B.	2	1	0
G.E	2	0	0
MALI	23	12	4
NIGER	20	8	2
SENEGAL	58	5	2
TCHAD	9	3	0
TOGO	13	3	2
RDC	0	0	0
OHADA	1	1	0
TOTAL	**468**	**231**	**63**

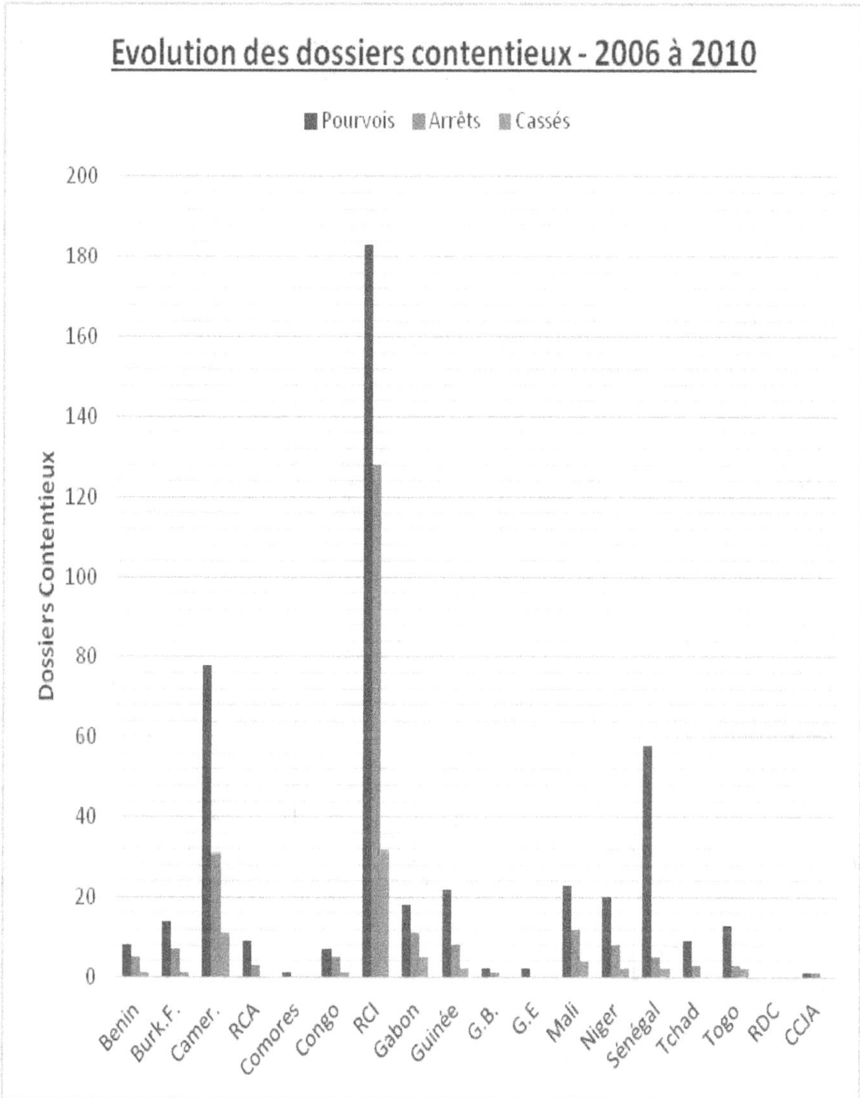

Evolution des dossiers contentieux - 2006 à 2010
Pourvois
Arrêts
Cassés
Dossiers Contentieux
200
180
160
140
120
100
80
60
40
20
0
Benin
Burk.F.
Camer.
RCA
Comores
Congo
RCI
Gabon
Guinée
G.B.
G.E
Mali
Niger
Sénégal
Tchad
Togo
RDC
CCJA

C. Période 2011 - 2013

Prov.	Pourv.	Arrêts	Cassés	Incomp.	Rej.	Irrec.	Ann.	Rect.	Inst.
BENIN	9	3	1	0	1	0	0	1	0
BURK.F.	13	8	1	1	2	1	2	1	0
CAMER.	53	41	21	2	15	2	0	0	0
RCA	3	7	2	2	3	0	0	0	0
COMORES	0	0	0	0	0	0	0	0	0
CONGO	13	6	1	1	3	1	0	0	0
RCI	221	118	46	7	45	15	5	0	0
GABON	29	17	2	1	12	1	0	0	1
GUINEE	12	7	5	1	0	1	0	0	0
G.B.	0	0	0	0	0	0	0	0	0
G.E.	0	1	0	0	0	1	0	0	0
MALI	24	8	3	1	1	2	1	0	0
NIGER	26	14	4	0	9	1	0	0	0
SENEGAL	39	17	6	2	5	3	1	0	0
TCHAD	5	8	4	1	3	0	0	0	0
TOGO	13	5	1	0	4	0	0	0	0
RD.C	5	0	0	0	0	0	0	0	0
OHADA	3	0	0	0	0	1	0	0	0
TOTAL	**468**	**260**	**97**	**19**	**93**	**29**	**09**	**02**	**01**

Synthèse 2011-2013

Provenance	Pourvois	Arrêts	Cassés
BENIN	9	3	1
BURK.F.	13	8	1
CAMER.	53	41	21
RCA	3	7	2
COMORES	0	0	0
CONGO	13	6	1
RCI	221	118	46
GABON	29	17	2
GUINEE	12	7	5
G.B.	0	0	0
G.E.	0	1	0
MALI	24	8	3
NIGER	26	14	4
SENEGAL	39	17	6
TCHAD	5	8	4
TOGO	13	5	1
RDC	5	0	0
OHADA	3	0	0
TOTAL	**468**	**260**	**97**

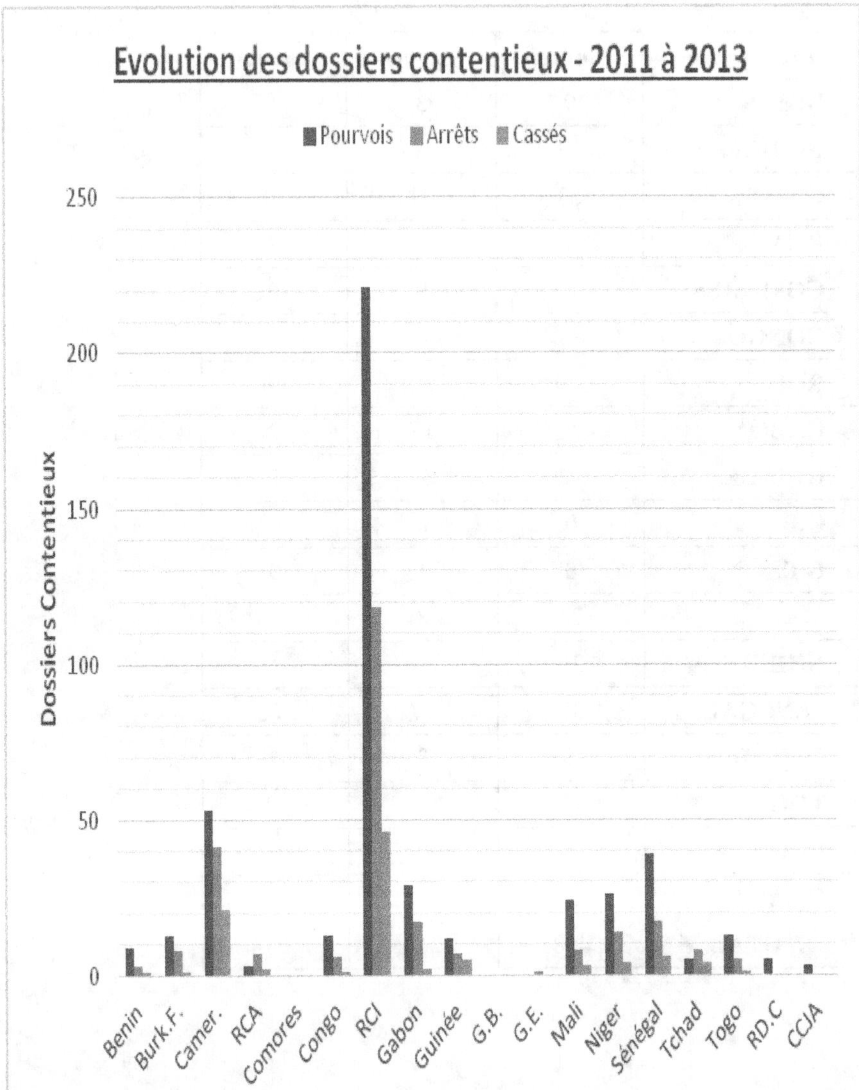
Evolution des dossiers contentieux - 2011 à 2013
Pourvois
Arrêts
Cassés
Dossiers Contentieux
250
200
150
100
50
0
Benin
Burk.F.
Camer.
RCA
Comores
Congo
RCI
Gabon
Guinée
G.B.
G.E.
Mali
Niger
Sénégal
Tchad
Togo
RD.C
CCJA

D. Période 2014 - 2015

Prov.	Pourv.	Arrêts	Cass.	Incomp.	Rej.	Irrec.	Ann.	Rect.	Inst.
BENIN	5	11	4	0	5	2	0	0	0
BURK. F.	9	12	4	1	2	2	2	0	1
CAMER	63	56	16	2	21	13	3	0	1
RCA	7	4	1	0	2	1	0	0	0
COMORES	1	0	0	0	0	0	0	0	0
CONGO	12	8	1	0	5	1	1	0	0
RCI	175	84	31	4	34	11	3	0	11
GABON	18	23	6	4	8	2	1	0	2
GUINEE	14	20	6	4	4	3	2	1	0
G.B.	4	0	0	0	0	0	0	0	0
G.E.	1	0	0	0	0	0	0	0	0
MALI	37	21	7	0	7	5	2	0	1
NIGER	10	17	7	2	4	3	1	0	0
SENEGAL	34	32	4	2	18	6	0	0	11
TCHAD	2	9	3	0	5	1	1	0	0
TOGO	16	17	8	4	3	0	0	0	1
RDC	18	0	0	0	0	0	0	0	0
TOTAL	**426**	**314**	**98**	**23**	**118**	**50**	**16**	**01**	**10**

Synthèse 2014-2015

Provenance	Pourvois	Arrêts	Cassés
BENIN	5	11	4
BURK. F.	9	12	4
CAMER	63	56	16
RCA	7	4	1
COMORES	1	0	0
CONGO	12	8	1
RCI	175	84	31
GABON	18	23	6
GUINEE	14	20	6
G.B.	4	0	0
G.E.	1	0	0
MALI	37	21	7
NIGER	10	17	7
SENEGAL	34	32	4
TCHAD	2	9	3
TOGO	16	17	8
RDC	18	0	0
TOTAL	**427**	**314**	**98**

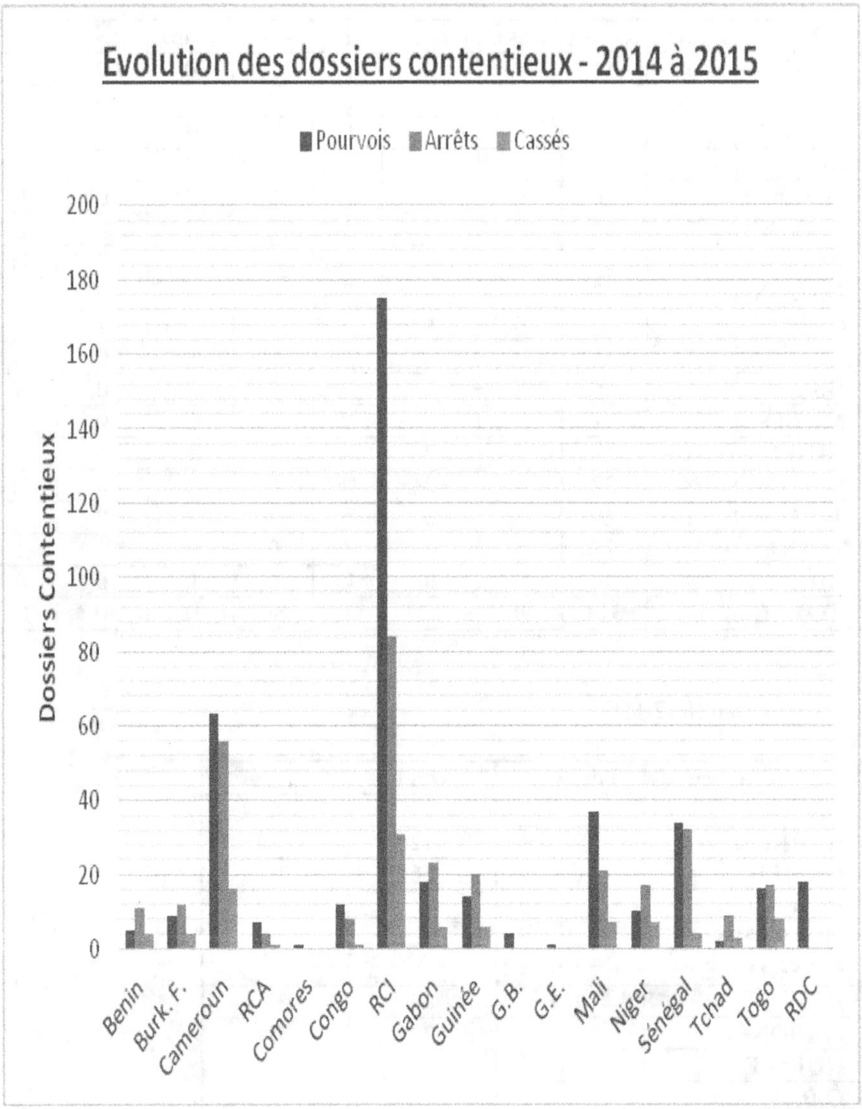
Evolution des dossiers contentieux - 2014 à 2015
Pourvois
Arrêts
Cassés
Dossiers Contentieux
200
180
160
140
120
100
80
60
40
20
0
Benin
Burk. F.
Cameroun
RCA
Comores
Congo
RCI
Gabon
Guinée
G.B.
G.E.
Mali
Niger
Sénégal
Tchad
Togo
RDC

E. Année 2016

Prov.	Pourv.	Arrêts	Cass.	Incomp.	Rej.	Irrec.	Ann.	Rect.	Inst.
BENIN	**6**	8	2	1	4	1(adm)	0	0	0
B.F.	**7**	6	1	0	2	3	0	0	0
CAMER	**48**	12	4	2	1	4	1	0	0
RCA	**2**		0	0	0	0	0	0	0
COMORE	**1**	1	1	0	0	0	0	0	0
CONGO	**12**	7	1	2	2	2	0	0	0
RCI	**70**	97	36	2	43	9	4	0	1
GABON	**14**	3	1	0	1	1	0	0	0
GUINEE	**8**	13	4	3	2	1	0	1	0
G.B.	**4**	0	0	0	0	0	0	0	0
G.E.	**1**	0	0	0	0	0	0	0	0
MALI	**11**	12	4	0	3	5	0	0	0
NIGER	**22**	7	2	1	3	1	0	0	0
SENEG.	**20**	22	6	3	9	4	0	0	0
TCHAD	**11**	1	0	0	1	0	0	0	0
TOGO	**10**	8	4	1	3	0	0	0	0
RDC	**21**	4	0	1	2	1	0	0	0
TOTAL	**268**	**201**	**66**	**16**	**76**	**31**	**05**	**01**	**01**

Synthèse 2016

Provenance	Pourvois	Arrêts	Cassés
BENIN	6	8	2
B.F.	7	6	1
CAMER	48	12	4
RCA	2	0	0
COM.	1	1	1
CONGO	12	07	1
RCI	70	97	36
GABON	14	3	1
GUINEE	8	13	4
G.B.	4	0	0
G.E.	1	0	0
MALI	11	12	2
NIGER	22	7	2
SENEGAL	20	22	6
TCHAD	11	1	0
TOGO	10	8	4
RDC	21	4	0
Total	**268**	**201**	**66**

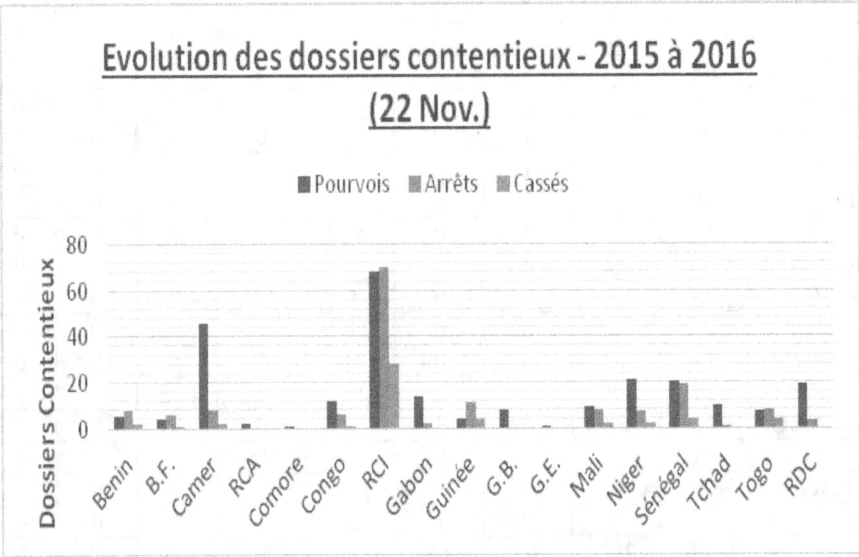
Evolution des dossiers contentieux - 2015 à 2016 (22 Nov.)
Pourvois
Arrêts
Cassés
Dossiers Contentieux
80
60
40
20
0
Benin
B.F.
Camer
RCA
Comore
Congo
RCI
Gabon
Guinée
G.B.
G.E.
Mali
Niger
Sénégal
Tchad
Togo
RDC

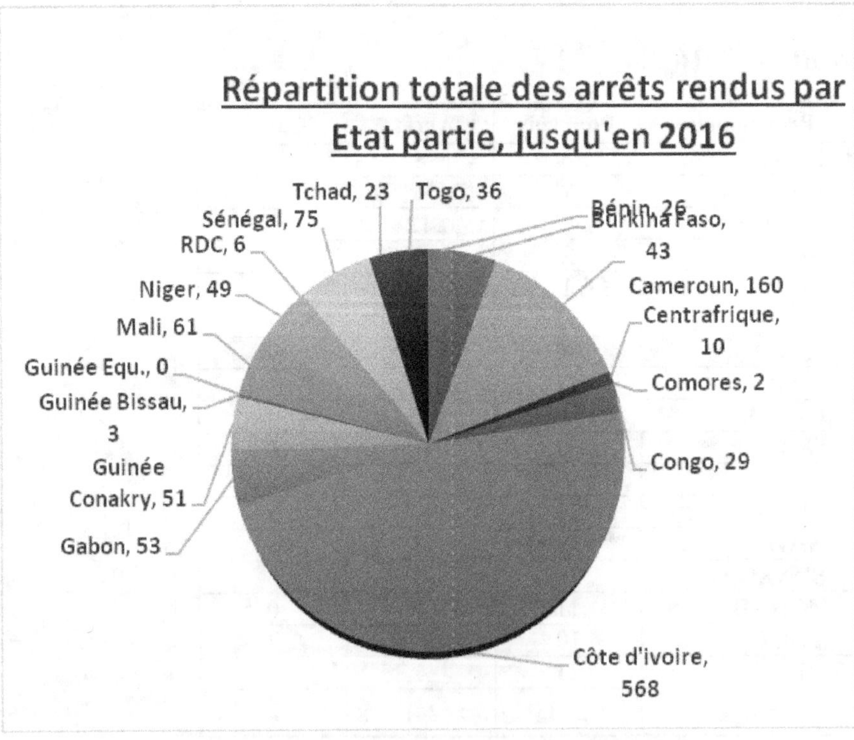
Répartition totale des arrêts rendus par Etat partie, jusqu'en 2016
Tchad, 23
Togo, 36
Bénin, 26
Burkina Faso, 43
Sénégal, 75
RDC, 6
Niger, 49
Cameroun, 160
Mali, 61
Centrafrique, 10
Guinée Equ., 0
Comores, 2
Guinée Bissau, 3
Guinée Conakry, 51
Congo, 29
Gabon, 53
Côte d'ivoire, 568

F. SYNTHESE DES STATISTIQUES EN MATIERE CONTENTIEUSE DE L'INSTALLATION A 2016

PERIODE	NOMBRE DE REQUETES	NOMBRE D'ARRETS RENDUS
1998 - 2006	497	156
2007 - 2010	469	231
2011 - 2013	468	260
2014 - 2015	427	314
2016	251	201
TOTAL	**2.112**	**1.162**

Il faut noter que sur **les 2.112 demandes reçues** la Cour a rendu près de **321 ordonnances** depuis son installation. Elle a radié ou mis au rôle général près de **535 affaires**. Il en résulte que jusqu'en **2016 seuls 306 affaires** étaient encore en cours de procédure normale d'échange d'écriture ou de traitement dans les cabinets de juges rapporteurs ou de Juristes référendaires.

Certains Etats parties avaient manifesté leur mécontentement parce qu'ils perdaient devant la CCJA. Ils avaient menacé de quitter l'organisation s'ils continuaient à perdre les procès devant la CCJA.

Les statistiques ci-dessous montrent les affaires rendues en faveur ou en défaveur d'un Etat partie en procès devant la Cour.

G. Statistiques des arrêts en faveur ou en défaveur d'un Etat Partie ou de l'OHADA au procès devant la CCJA

ANNEE	ETAT PARTIE ou OHADA	N° DE L'ARRET	SORT RESERVE
2005	OHADA	029/2005 du 12.5.2005	**Défavorable**
2007	COTE D'IVOIRE	017/2007 du 26.4.07	**Favorable**
2008	CAMEROUN	027/2008 du 30.04.08	**Favorable**
2009	OHADA	048/2009 du 29.11.09	**Défavorable**
	BENIN	019/2009 du 16.04.09	**Favorable**
	COTE D'IVOIRE	023/2009 du 16.04.09	**Défavorable**
2011	MALI	011/2011 du 29.11.11	**Défavorable**
	G.E	012/2011 du 29.11.11	**Défavorable**
	BENIN	09/2011 du 25.08.11	**Défavorable**
2012	CONGO-BRAZZA	042/2012 du 07.06.11	**Défavorable**
2013	CONGO-BRAZZA	039/2013 DU 16.05.13	**Favorable**
	COTE D'IVOIRE	066/2013 du 31.10.13	**Défavorable**
	CAMEROUN	057/2013 du 13.06.13	**Favorable**
	COTE D'IVOIRE	030/2013 du 18.04.13	**Défavorable**
2014	CAMEROUN	007/2014 du 04.02.14	**Défavorable**
	GUINEE	021/2014 du 11.03.14	**Favorable**
	RCA	122/2014 du 11.11.14	**Favorable**
	MALI	039/2014 du 17.04.14	**Favorable**
	CAMEROUN	110/2014 du 04.11.14	**Favorable**
2015	COTE D'IVOIRE	179/2015 du 17.12.15	**Défavorable**
	GUINEE	139/2015 du 19.11.15	**Favorable**
	COTE D'IVOIRE	113/2015 du 22.10.15	**Favorable**
	CAMEROUN	010/2015 du 30.03.15	**Défavorable**
	COTE D'IVOIRE	019/2015 du 02.04.15	**Favorable**
	BENIN	084/2015 du 18.06.15	**Défavorable**
	OHADA	032/2015 du 23.04.15	**Favorable**
	MALI	033/2015 du 23.04.15	**Défavorable**
	BURKINA FASO	088/2015 du 08.07.15	**Favorable**
	BENIN	103/2015 du 15.10.15	**Défavorable**
	BENIN	104/2015 du 15.10.15	**Favorable**
	GUINEE	128/2015 du 29.10.15	**Défavorable**
	GUINEE	124/2015 Du 29.10.15	**Favorable**

ANNEE	ETAT PARTIE ou OHADA	N° DE L'ARRET	SORT RESERVE
2016	MALI	139/2016 du 14.07.16	**Favorable**
	NIGER	141/2016 du 14.07.16	**Défavorable**
	CAMEROUN	142/2016 du 14.07.16	**Favorable**
	SENEGAL	143/2016 du 14.07.16	**Favorable**
	OHADA	106/2016 du 02.06.16	**Favorable**
	COTE D'IVOIRE	050/2016 du 25.03.16	**Défavorable**

H. Récapitulatif des arrêts en faveur ou en défaveur d'un Etat-Partie ou de l'OHADA de l'installation de la cour à 2016

ETATS PARTIES ET OHADA	ARRETS FAVORABLES	ARRETS DEFAVORABLES
BENIN	2	3
BURKINA FASO	1	O
CAMEROUN	4	2
RCA	1	2
COMORES	0	0
CONGO-BRAZZAVILLE	1	1
COTE D'IVOIRE	3	5
GABON	0	0
GUINEE	3	1
GUINEE BISSAU	0	0
GUINEE EQUATORIALE	0	1
MALI	2	2
NIGER	0	1
SENEGAL	1	0
TCHAD	0	0
TOGO	0	0
REP.DEM.DU CONGO	0	0
OHADA	2	2
TOTAL	20	20

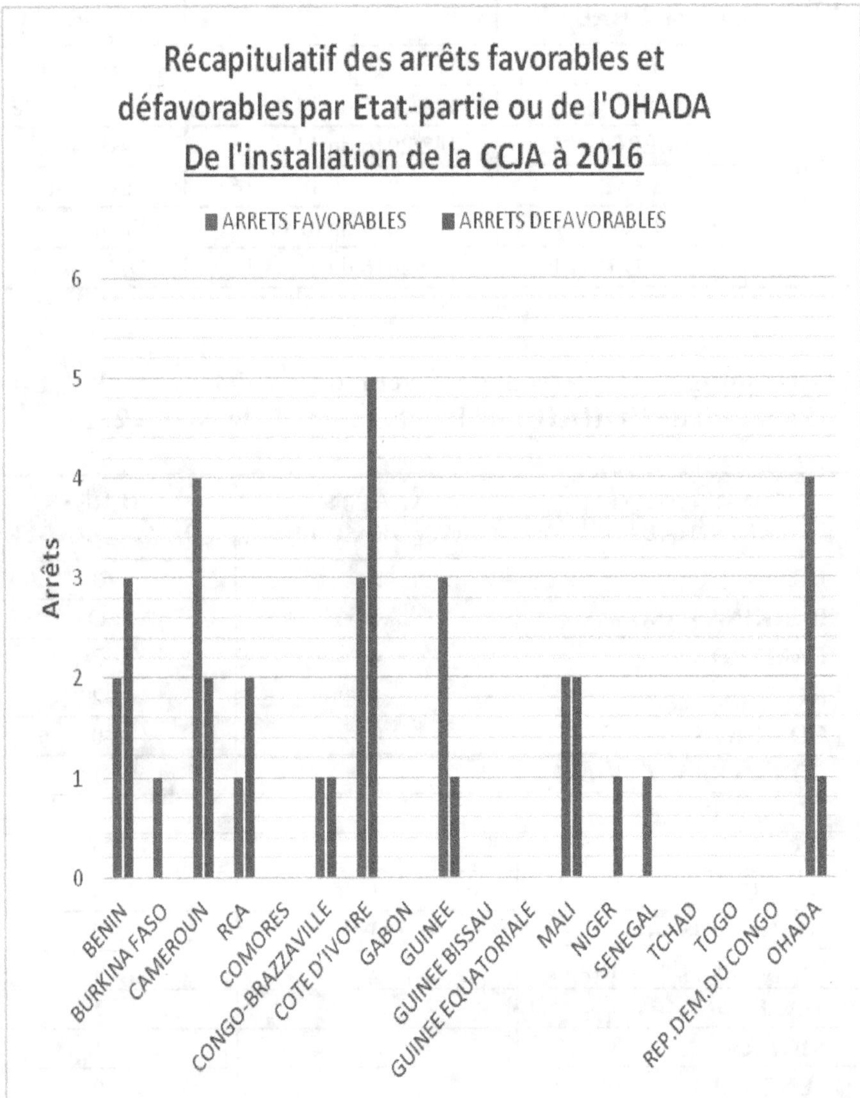

Récapitulatif des arrêts favorables et défavorables par Etat-partie ou de l'OHADA
De l'installation de la CCJA à 2016
ARRETS FAVORABLES
ARRETS DEFAVORABLES
Arrêts
0
1
2
3
4
5
6
BENIN
BURKINA FASO
CAMEROUN
RCA
COMORES
CONGO-BRAZZAVILLE
COTE D'IVOIRE
GABON
GUINEE
GUINEE BISSAU
GUINEE EQUATORIALE
MALI
NIGER
SENEGAL
TCHAD
TOGO
REP.DEM.DU CONGO
OHADA

J : Année 2017

Prov.	Pourv.	Arrêts	Cass.	Incomp.	Rej.	Irrec.	Ann.	Rect.	Inst.
BENIN	8	2	1	0	0	0	0	0	0
BURK.F.	3	3		1	1	0	1	0	0
CAMER	177	40	12	4	14	9	2	0	0
RCA		3	1	1	0	1	0	0	0
COMORES	1	0	0	0	0	0	0	0	0
CONGO	8	11	2	1	6	2	0	0	0
RCI	43	108	37	6	34	26	8	0	0
GABON	5	11	4	2	2	4	0	0	0
GUINEE	13	7	2	2	1	3	0	1	0
G.B.	0	0	0	0	0	0	0	0	0
G.E.	0	0	0	0	0	0	0	0	0
MALI	12	12	6	1	1	3	0	0	0
NIGER	14	3	1	0	1	0	0	1	0
SENEGAL	19	12	3	2	3	1	2	0	0
TCHAD	5	5	3	0	1	0	1	0	0
TOGO	8	5	1	3	1	0	0	1	0
RD.C	18	16	4	6	3	1	0	0	0
OHADA	7	2		0	0	1	0	0	0
TOTAL	**341**	**240**	**77**	**29**	**67**	**51**	**13**	**3**	**0**

1. Synthèse 2017

Provenance	Pourvois	Arrêts	Cassés
BENIN	8	2	1
BURK.F.	3	3	
CAMER	177	40	12
RCA		3	1
COMORES	1	0	0
CONGO	8	11	2
RCI	43	108	37
GABON	5	11	4
Provenance	**Pourvois**	**Arrêts**	**Cassés**
GUINEE	13	7	2
G.B.	0	0	0
G.E.	0	0	0
MALI	12	12	6
NIGER	14	3	1
SENEGAL	19	12	3
TCHAD	5	5	3
TOGO	8	5	1
RD.C	18	16	4
OHADA	7	2	
TOTAL	**341**	**240**	**77**

2. Synthèse 2018

Provenance	Arrêts rendus	Arrêts assés	Arrêts irrec.
BENIN	6	2	1
BURK.F.	8	1	3
CAMER	33	16	11
RCA	3	1	1
COMORES	0	0	0
CONGO	6	1	2
RCI	114	29	27
GABON	23	4	2
GUINEE	15	16	2
G.B.	0	0	0
G.E.	0	0	0
MALI	13	4	1
NIGER	8	1	3
SENEGAL	29	8	3
TCHAD	7	3	0
TOGO	10	4	2
RD.C	20	7	5
TOTAL	**295**	**83**	**63**

Nombre de requêtes reçues en 2018 : 310

3. SYNTHESE 2019

Provenance	Arrêts rendus	Arrêts cassés	Arrêts irrec.
BENIN	8	3	2
BURK.F.	10	4	0
CAMER	54	12	13
RCA	7	4	0
COMORES	2	1	0
CONGO	7	1	0
RCI	76	28	17
GABON	18	8	1
GUINEE	10	5	0
G.B.	0	0	0
G.E.	0	0	0
MALI	14	8	2
NIGER	19	6	2
SENEGAL	23	4	1
TCHAD	6	2	1
TOGO	8	1	0
RD.C	25	12	5
TOTAL	**287**	**99**	**44**

Nombre de requêtes reçues en 2019 : 285
Total de requêtes de 1998 à 2019 : 428.737
Total d'arrêts rendus de 1998 à 2019 : 1.974
Total d'arrêts cassés de 1998 à 2019 : 630
Total d'arrêts des juridictions nationales annulés par la CCJA : 75

Le tableau ci-dessous résume le nombre de demandes d'avis en provenance des Etats Parties, du Conseil des Ministres de l'OHADA et du Secrétariat Permanent de l'OHADA émis de l'installation jusqu'en 2017.

ANNEE	PROVENANCE	NOMBRE D'AVIS
97	SPO	3
98	SPO	5
99	GABON, MALI	2
2000	SPO, SENEGAL	2
2001	COTE D'IVOIRE	1
2002	SPO	1
2003	SENEGAL	1
2004	TCHAD	1
2006	CONGO-BRAZZAVILLE	1
2009	COTE D'IVOIRE	1
2010	SPO	2
2012	BURKINA FASO, CAMEROUN, SPO	3
2013	SPO	1
2014	RDC	1
2015	RDC, BENIN	2
2016	GUINEE, CM-OHADA	3
2017	RCI-SPO	6
TOTAL		**36**

.

II.2. Statistiques en matière arbitrale jusqu'en 2017

Années	Demandes	Sentences	Incomplet	Desist./Radiat.	Retr.	Inst.
1999 -2001	4	0	1	0	0	0
2002	1	0	1	0	0	0
2003	2	0	0	0	0	0
2004	3	1	0	0	2	0
2005	1	2	0	0	0	0

2006	8	0	0	1	0	0
2007	8	1	1	2	0	0
2008	2	4	0	0	0	0
2009	4	4	2	0	0	0
2010	8	2	2	0	0	0
2011	3	0	1	0	0	0
2012	5	1	2	0	0	18
2013	11	3	0	0	0	8
2014	4	3	0	0	0	1
2015	7	3	0	0	0	4
2016	**0**	**0**	**0**	**0**	**0**	**0**
2017	**14**	**7**	**1**	**6**	**0**	**21**
TOTAL	**85**	**31**	**11**	**9**	**2**	**52**

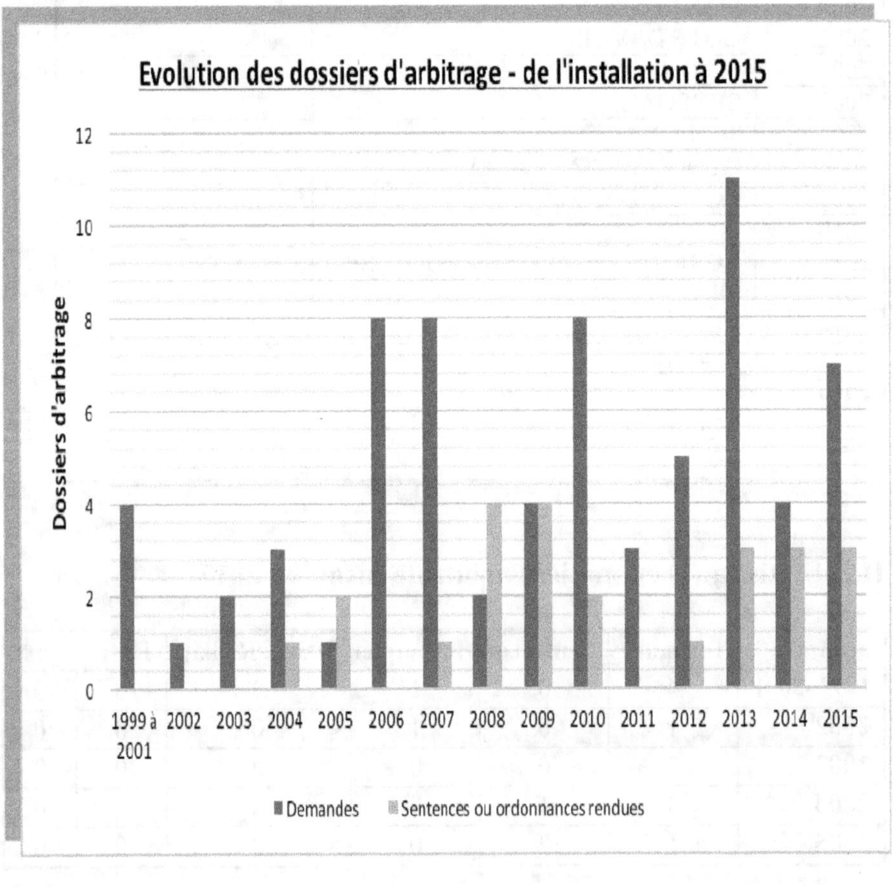

III. ESTIMATIVE DE LA DUREE DE TRAITEMENT DES AFFAIRES

III.1. Durée estimative de traitement des affaires contentieuses

III.1.1. Affaires à courte durée

- Affaire : N°040/2003 de la Côte d'Ivoire reçue le 14/04/2003 rendue le 27/01/2005, durée 1an et 9 mois ;
- Affaire : N°102/2003 du Niger reçue le 21/10/2003, rendue le 27/01/2005, durée 1an/3 mois

Affaire : N°002/2012 de la Guinée, reçue le 03/01/2012, rendue le 20/12/2012, soit 1 an

- Affaire : N°013/2006 du Congo(Brazzaville) reçue le 09/03/2006 rendue le 11/12/2008, soit 1an et 10 mois

III.1.2. Affaires à longue durée

- Affaire : N°045/2008 du Cameroun, reçue le 03/06/2008, rendue le 04/11/2014, soit 6ans e 5mois après (départ de la 1ere équipe des juges) ;
- Affaire : N°041/2003 de la Côte d'Ivoire, reçue le 16/04/2003, rendue le 07/06/2012 soit 09 ans et 02 mois (départ en fin de mandat de quelques anciens juges, mise au rôle général et remise au rôle après 7 ans.

III.2. Durée estimative de traitement d'une demande d'avis consultatif

En matière consultative, la durée d'émettre un avis dépasse rarement un an. En moyenne la durée de traitement d'une demande d'avis consultatif est de 5 mois entre le dépôt de la demande et l'assemblée plénière de la Cour qui émet l'avis.

CONCLUSION

Les activités de la CCJA ont évolué d'une manière positive malgré l'absence de logiciel de gestion des dossiers du greffe de la Cour. Le départ des juges et juristes référendaires en fin de mandat ou encore la polyvalence des juges dans toutes les procédures (contentieuses, arbitrales et consultatives) n'a pas empêché la Cour de remplir ses tâches. L'examen des statistiques par Etats Parties a démontré respectivement que la République de Côte d'Ivoire, du Cameroun, du Sénégal, de la RDC, du Mali, du Niger, du Gabon sont celles qui saisissent plus la Cour pour des raisons de proximité géographique comme le cas de la République de Côte d'Ivoire, de croissance économique ou de confiance à la CCJA.

LA PROFESSION DE MANDATAIRE JUDICIAIRE DANS L'ACTE UNIFORME PORTANT PROCEDURES COLLECTIVES D'APUREMENT DU PASSIF

par Monsieur Alix Romain MOUKIAMA
Magistrat, Docteur en Droit de l'entreprise,
Procureur de la République près le tribunal de commerce de Brazzaville

CONTEXTE ET JUSTIFICATION

La révision de l'Acte uniforme portant organisation les procédures collectives d'apurement du passif en 2015, a été commandée, d'une part par la nécessité de renforcer ses performances normatives, d'autre part, par les impératifs économiques visant à accroitre, non seulement la probabilité de sauvegarde de l'entreprise en tant qu'outil économique, mais également, l'espoir des créanciers de se faire payer rationnellement en cas de liquidation des biens du débiteur.

C'est dans cet esprit qu'a été introduit le cadre juridique actuel portant sur les mandataires judiciaires.

Par cette intervention, le législateur entend mettre un terme à un certain désintérêt que les Etats parties semblaient afficher jusque-là sur la question, dans la mesure où, dans la plupart de ces Etats, le domaine était soit non règlementé, soit peu règlementé, soit même totalement méconnu des acteurs économiques.

Cette session de formation consistera donc, pour nous, de cerner les contours de cette nouvelle règlementation, en vue d'extraire l'essentiel de ses attentes économiques et sociales.

INTRODUCTION

Le thème tel que présenté, peut être traité de deux manières. On peut l'envisager, soit du point de vue théorique et universitaire, soit du point de vue pratique et professionnel.

Dans la première hypothèse, travail consisterait à faire une analyse du cadre légal existant. Ce qui conduirait, à étudier les différentes articulations de ses dispositions, en essayant de faire ressortir ses ombres et les lumières.

Nos échanges se limiteraient ainsi, comme dans la plupart des travaux universitaires, à porter une analyse critique sur la réforme.

Dans la seconde hypothèse, tout en nous appropriant ce cadre juridique, nos échanges seraient davantage orientés vers des aspects d'ordre pratique rencontrés par des professionnels dans l'application de la loi.

Cette dernière hypothèse semble plus adaptée à l'esprit de nos réflexions au regard de la qualité de l'auditoire.

Compte tenu du temps imparti par les organisateurs, une présentation structurelle et intégrale du thème ne pouvant être possible, quelques développements entrepris au tour du questionnaire suivant, faisant office du plan, permettraient de tirer la trame essentielle à la compréhension du sujet.

1- Quelle est la définition du mandataire judiciaire en droit OHADA ?

2- Qui doit être mandataire judiciaire ?

3- Comment devient-on mandataire judiciaire ?

4- A quel moment intervient-il ? Est-il soumis à un contrôle ?

5- pourquoi recourir à un mandataire judiciaire ?

6- Quelles sont ses missions assignées au mandataire judiciaire dans les différentes procédures collectives OHADA ?

7- Quelles sont les difficultés auxquelles est confronté le mandataire judiciaire en pratique ?

8- Quels sont les droits du mandataire judiciaire en droit OHADA ?

9- Quelles sont ses obligations ?

10- Quelles sont ses responsabilités ?

1. Définition du terme mandataire judiciaire

Tout en l'instituant, le législateur OHADA s'est abstenu de donner spécialement une définition au concept mandataire judiciaire. Selon l'article 4 de l'AUPC : « chaque Etat partie adopte, en tant que de besoin, les règles d'application des dispositions du présent titre. Il prévoit, selon des modalités appropriées, la régulation et la supervision des mandataires judiciaire… ».

La définition de ce concept est donc à déduire de la compréhension que l'on peut se faire des termes expert et syndic dans la suite des débats.

A titre d'exemple, le législateur Burkinabés le défini comme : « un professionnel personne physique inscrite sur une liste nationale pour assumer dans les procédures collectives, en son nom propre et sous sa propre responsabilité, les attributions d'un expert au règlement préventif ou d'un syndic de redressement judiciaire ou de liquidation des biens… » (Loi N° 035-2016 portant statut des mandataires judiciaires dans les procédures collectives d'apurement du passif)

2. Qui doit être mandataire judiciaire ?

L'AUPC définit quelques critères d'éligibilité à la profession de mandataire judiciaire.

- Etre expert-comptable

Selon les dispositions de l'article 4-2, les experts comptables, sous réserve de remplir d'autres conditions définies par le même texte, sont d'office habilités à l'exercice de la fonction de mandataire judiciaire.

- Par voie d'habilitation

Les autres professionnels n'ayant pas la qualité d'expert-comptable ne peuvent exercer la profession que lorsqu'ils seront expressément habilités par la législation nationale.

Qui doit en être habilité ?

L'AUPC ne donne aucune indication à ce sujet. En pratique, et surtout avant l'intervention du législateur africain, la plupart de professionnels, davantage ceux exerçant dans le domaine du droit, aspiraient ou aspirent encore ardemment à l'exercice de cette fonction de mandataire.

Les raisons pour cet empressement vers un métier qui semble à première vue difficile ne sont pas connues. Cependant, l'appât du gain parait, a priori, expliquer cette hantise.

Au Congo, les échanges visant à établir un cadre légal portant organisation du statut des mandataires judiciaires ont été très vifs sur ce point précis, toutes les professions juridiques (Avocats, notaires, huissiers de justice) voulant se faire reconnaitre apte à la fonction.

Aussi, tenant compte des subtilités judiciaires qu'implique parfois une procédure collective, il serait souhaitable d'adjoindre, en cas de besoin, à l'expert-comptable, un avocat.

Et pour cause, ce dernier parait plus utile dans l'appréciation du contentieux subséquent.

C'est d'ailleurs dans ce sens que s'est prononcé le gouvernement de la Côte d'Ivoire a habilité la profession d'avocat à la fonction de mandataire judiciaire (décret n°2016 du 10 février 2016 portant création, attribution, organisation et fonctionnement de la commission nationale de contrôle des mandataires Judiciaires (Art.9).

- Les autres conditions

En plus de la qualification et l'habilitation, l'AUPC a prévu d'autres conditions que le candidat à l'exercice de la fonction de mandataire judiciaire se doit de remplir.

Ces autres conditions sont au nombre de quatre (4), article 4-2. Mais nous n'en examinerons que la dernière, celle relative à la moralité.

Pourquoi ?

Parce qu'il est un constat en pratique, les syndics liquidateurs, pour ne parler que d'eux, sont assez souvent accusés d'être à l'origine de l'échec d'un nombre important de procédures collectives, notamment, les liquidations des biens, semble-t-il à cause de leur légèreté dans le traitement des données.

En effet, il n'est pas rare, à titre indicatif, qu'un le syndic soit taxé d'un manque de transparence dans la représentation des produits issus de la vente ou la réalisation des actifs d'une société liquidée.

Au Congo, la liquidation de la société Richesse Taylor, par exemple, a donné lieu à des vives contestations, les créanciers accusant vigoureusement le liquidateur d'avoir dissimulé les vrais contrats de ventes des biens réalisés au profit de ceux qu'il aurait conçus en modifiant les prix. D'autres l'accusant de déplacer clandestinement certains matériels.

De sorte qu'il existe couramment de sérieux conflits entre lui, d'une part, les créanciers et le débiteur, d'autre part (Jugement de clôture pour insuffisance d'actif contesté, montant des ventes réalisées contestés, Procédure devant le juge social pour non payement des droits au licenciement, non-respect de l'ordre de paiement, doute persistant sur le montant des honoraires réellement perçus…).

SUGGESTION : les juridictions en charge de la désignation les mandataires doivent se montrer plus prudentes et conséquentes : (exclusion de toute désignation sur la base des amitiés, désignation intéressée, désignation sous l'empire d'une influence quelconque …).

3. Comment devient-on mandataire judiciaire ?

La condition essentielle posée par l'Acte uniforme, c'est l'inscription sur une liste nationale des mandataires judiciaire. D'autres conditions pouvant être complétées par la législation nationale de chaque Etat en vertu d'une certaine convenance sociale.

Le législateur Burkinabé a prévu, par exemple que, tout candidat doit être de nationalité Burkinabé ou ressortissant d'un Etat membre de l'UEMOA (Article 3-1 de la Loi N° 035-2016 portant statut des mandataires judiciaires dans les procédures collectives d'apurement du passif).

4. Le mandataire judiciaire est-il soumis à un contrôle ?

Dans l'esprit du législateur, le mandataire judiciaire doit être soumis à un contrôle. Cependant, comme dans beaucoup de matières, il laisse le soin à chaque Etat de définir l'autorisé de contrôle des activités du mandataire judiciaire.

Selon l'article 4 AUPC : « chaque Etat partie adopte, en tant que de besoin, les règles d'applicable du présent titre. Il prévoit, selon des modalités appropriées, la règlementation et la supervision des mandataires judiciaires agissant sur son territoire, au besoin en mettant en place à cet effet une autorité nationale... ».

COMMENTAIRE :

Il ressort de ce texte que la mise en place de cette autorité de contrôle que le législateur renvoie d'ailleurs à l'appréciation de chaque Etat partie, semble une simple question de convenance sociétale, les expressions « en tant que de besoin » ; « au besoin » indiquent l'absence d'obligation pour les Etats parties quant à instituer les organes de contrôle.

D'ailleurs, la cour commune de justice et d'arbitrage (CCJA), présente un doute s'agissant de l'efficacité des commissions nationales chargées de contrôler les mandataires judiciaires, qu'elle qualifie de chimérique en raison, notamment, de leur composition et du fait qu'elles ne siègent que de manière épisodique, qu'elles ne soient pas véritablement un organe des procédures collectives ».

□ Neuf (9) membres pour le Burkina-Faso ;

□ 12 pour la Côte d'Ivoire ;

□ 10 membres pour le Mali ;

□ 11 membres pour le Sénégal.

La CCJA semble redouter le caractère à la fois lourd, complexe et budgétivore et moins performant de ce genre d'organisation.

(CCJA, avis N001 du 17 juin 2015) avis rendu sur demande du secrétariat permanent de l'OHADA.

5. A quel moment intervient le mandataire judiciaire OHADA ?

Le point de départ de l'intervention d'un mandataire judiciaire, c'est la difficulté de l'entreprise. Lorsqu'une entreprise éprouve des difficultés au sens de l'AUPC (des difficultés pouvant être traitées au moyen d'une procédure de conciliation, de règlement préventif, de redressement judiciaire ou de liquidable des biens), le juge saisi à cet effet désigne, s'il l'estime nécessaire, un mandataire judiciaire, pour lui permettre d'accomplir les actes qui lui sont prescrits par la loi. Il va s'en dire que son intervention est toujours le fait d'une décision de justice.

En conséquence, toute personne désignée amiablement pour résoudre une difficulté liée à la vie d'une entreprise ne saurait être considérée comme mandataire judiciaire :

A Brazzaville, une société de la place étant tombée en faillite, son dirigeant conscient de sa responsabilité pour mauvaise gestion, désignait son ami pour essayer de convaincre et payer les créanciers qui revendiquaient le plus leurs créances en vue d'éclipser sa lourde responsabilité. Le tribunal saisi de l'affaire, annulait tous les actes posés par ce dernier comme étant inopposables à l'union des créanciers.

Modes de saisine

- Conciliation, saisine = débiteur ou débiteur + créanciers par requête conjointe

- RP = débiteur ou débiteur + créanciers par requête conjointe

- Redressement judiciaire et liquidation des biens = débiteur, créanciers, ministère public.

6. pourquoi est-il nécessaire de recourir à un mandataire judiciaire au cours d'une procédure collective ?

D'abord, parce que le traitement des difficultés des entreprises nécessite un diagnostic économique profond en vue de déceler le mal et proposer des solutions qui s'imposent. Une telle exigence ne peut être accomplie que par un professionnel bien aguerri sur la question. Ce qui semble parfaitement justifier le choix porté sur les experts comptables comme faisant partie d'office des mandataires judiciaires, en vertu de la nature de leur discipline.

Ensuite, parce que les juges n'ont toujours pas l'expertise nécessaire en matière économique, en plus de ce qu'ils sont suffisamment chargés par leurs tâches quotidiennes. Or, la réussite d'une procédure collective suppose une vraie disponibilité du temps.

7. quelles sont les missions dévolues au mandataire judiciaire ?

Les missions du mandataire judiciaire dépendent de la procédure collective en présence.

- La procédure de conciliation

Instituée par la récente réforme, dans la procédure de conciliation, le mandataire judiciaire est désigné par le concept « conciliateur ».

Sa mission est de favoriser la conclusion d'un accord entre le débiteur et ses principaux créanciers, et même avec ses cocontractants le cas échéant (Art. 5-5 AUPC).

Tout renouvellement compris, la mission du conciliateur ne peut s'étendre au-delà de quatre (4) mois.

C'est dire que la réussite d'une telle mission suppose pour le mandataire de justifier des capacités professionnelles très appréciables lui permettant de convaincre en si peu de temps les parties et notamment les créanciers de la nécessite de conclure un accord.

- La procédure de règlement préventif

Avant homologation du concordat ;

Dans la procédure de règlement préventif, le mandataire judiciaire est désigné par le concept expert avant homologation du concordat.

Il a notamment pour mission :

Faire le rapport de la situation économique et financière de l'entreprise débitrice et des perspectives de redressement, Art. 8 AUPC, (diagnostic économique et financier de l'entreprise : analyse des états financiers de synthèse) ;

Aider les parties (débiteur et créanciers) à conclure un accord sur la base de la proposition concordataire faite par le débiteur (Art. 12) ;

Essayer d'obtenir sur la base d'une négociation savamment menée, des délais et remises au profit du débiteur pour permettre le redressement de l'entreprise. En cas de refus de chaque créancier pris individuellement, ressortir dans le rapport la ou les raisons de ce refus :

Cas de la société SOLAF au Congo, l'expert désigné, dans son rapport, n'a fait que ressortir une simple littérature comptable à partir des états financiers de synthèse de l'entreprise sans mener la démarche importante visant la négociation des délais et remises éventuellement consentis au profit du débiteur. Un tel expert ne favorise pas l'aboutissement d'un accord négocié.

Dresser un rapport contenant l'accord conclu entre le débiteur ses créanciers dans lequel il indique les possibilités éventuelles du redressement dans le délai de trois mois à compter de la notification de sa mission, lequel peut être prorogé d'un mois sur décision motivée du président du tribunal à sa demande ou à celle du débiteur ;

Rendre compte régulièrement au président du déroulement de sa mission, l'informant de tout incident qu'il constante de nature à compromettre la procédure, par exemple : une cessation des paiements ;

Après homologation ;

La juridiction qui homologue le concordat préventif tout en mettant fin à la mission de l'expert, peut d'office ou à la demande du débiteur ou d'un créancier, désigner le même expert ou un autre en qualité de syndic. Il aura alors pour mission :

Surveiller l'exécution du concordat préventif homologué ;

Dresser un rapport trimestriel au tribunal sur l'exécution de l'accord homologué, lequel peut lui être demandé à tout moment ;

Signaler à tout moment tout manquement du débiteur au juge commissaire ;

La procédure de redressement judiciaire

Dans le redressement judiciaire, le mandataire judiciaire est désigné par le terme syndic. Il est principalement chargé de :

Représenter à la fois le débiteur et les créanciers (rôle assez ambigu) ;

Assister l'entreprise (le dirigeant) durant toute la période prévue pour le redressement ;

Inviter les créanciers à faire la déclaration de leurs créances et vérifier l'exactitude du montant de la dette, la fixation définitive étant faite par le juge commissaire, sauf cas de contestation relevant du Tribunal ;

Consulter les créanciers sur la base des propositions (concordat de redressement) faites par le débiteur ;

Dresse le rapport de sa mission au Tribunal ;

Liquidation des biens :

Lors que le redressement de l'entreprise paraît impossible, le Tribunal prononce la liquidation de ses biens et désigne un syndic liquidateur.

Celui-ci est chargé à titre principal de :

Mettre en œuvre la cession globale de l'entreprise (Art. 160) ou la vente séparée de ses actifs mobiliers et immobiliers ;

Poursuivre le recouvrement des créances et règlement des dettes du débiteur ;

Vérifier les créances et établir l'ordre des créanciers et procéder au paiement effectif des créanciers (conformément aux articles 166 et 167 AUPC) ;

Céder, éventuellement, les créances à long terme du débiteur afin de ne pas retarder les opérations de liquidation, dans les conditions prévues par l'article 148 pour les compromis et transactions.

Compromettre et transiger sur toutes les contestations qui intéressent la masse, même sur celles qui sont relatives à des droits et actions immobiliers ;

Le syndic, autorisé par le Juge-commissaire peut, en remboursant la dette, retirer au profit de la masse, le gage ou le nantissement constitué sur un bien du débiteur ;

Prendre l'initiative de la clôture des opérations de liquidation.

NB : Les syndics sont parfois en prison, à tort ou à raison, dans le cadre de l'accomplissement de leurs missions : cas des syndics liquidateurs de la microfinance Fonds d'Actions Mutuelles FAM au Congo Brazzaville ; de la liquidation secondaire de la compagnie Air Afrique).

8. Difficultés auxquelles sont confrontés les mandataires judiciaires

En matière de règlement préventif :

L'absence dessaisissement du débiteur fait qu'en général, l'expert n'a pas de pouvoir de contrainte réel sur lui, lequel lui permettrait de lui dicter des mesures utiles au redressement de l'entreprise (par ex : la présentation de documents importants de travail).

Cas de la société la société AZUR AU Congo refusant de présenter à l'expert les documents importants de travail.

Lorsqu'il agit en qualité de syndic, il n'a pas non plus de véritables moyens de contrainte pour amener ce dernier à respecter ses engagements contenus dans le concordat.

CONSEQUENCE :

En général, l'accord homologué par le Tribunal sert plus de refuge légal pour le débiteur qui bénéficie de la suspension des poursuites pendant toute la période de son exécution. Lorsqu'il arrive au bout de cette période, il n'est pas rare de le voir solliciter la prorogation des délais conformément à l'article 21 AUPC, cas de la société AZUR au Congo Brazzaville.

Difficulté de se faire payer, le patrimoine du débiteur étant déjà amoindri par les difficultés d'ordre économique et financier.

SUGGESTION :

Le tribunal qui homologue l'accord se devrait, non seulement de désigner un syndic chargé de son contrôle, mais également faire ressortir explicitement dans son dispositif le devoir de rendre compte qui incombe au débiteur, seul moyen de garantir à ce niveau, les intérêts des créanciers.

En matière de liquidation des biens :

Absence de collaboration avec le débiteur, les rapports devenant conflictuels compte tenu de l'opposition des intérêts (Cas de la société Boissons Africaines de Brazzaville, BAB)

Conséquence : difficulté d'indentification de la totalité du patrimoine du débiteur ;

Difficulté de trouver des acheteurs dans le cadre de la réalisation la réalisation des actifs, Conséquence : clôture des procédures sans pour autant réaliser l'ensemble des actifs.

Difficulté dans le désintéressement des créanciers, tous souhaitant se faire payer au même moment, nonobstant l'existence de l'ordre légal de paiement prescrit et le caractère presque toujours insuffisant des produits issue des ventes.

Cas de la liquidation de la société Richesse Taylor au Congo, le syndic liquidateur entrainé par les différents créanciers au niveau des commissariats de police.

9. Droit du mandataire judiciaire : la rémunération (Article 4-16 et suivants)

Principe : le mandataire judiciaire est rémunéré sur le matrimoine du débiteur.

Par conséquent, le quantum de cette rémunération dépend de l'importance de ce patrimoine.

Rémunération de l'expert au règlement préventif :

Elle est fixée par la juridiction compétente dans la décision homologuant ou rejetant le concordat (article 4-17).

Le juge doit se référer à un barème existant pour fixer cette rémunération (confère, à titre d'exemple, le barème du Sénégal en la matière) ;

Les critères de référence :

Le temps passé et difficultés éventuellement rencontrées ;

Le nombre de créanciers concernés par le règlement préventif ;

Autres critères établis par chaque Etat.

L'encadrement légal

Le juge peut à accorder à l'expert jusqu'à 40% du montant provisionnel de cette rémunération ;

L'expert ne peut recevoir au moins égale à 60% de sa rémunération qu'après avoir rendu compte de sa mission au président de la juridiction qui l'a désigné.

Rémunération du syndic au règlement préventif (Article 4-19 est suivant) :

La rémunération du syndic, soit en qualité de contrôleur de l'exécution du concordat préventif, soit tant que syndic de redressement judiciaire ou de liquidation des biens, est fixée par la juridiction compétente qui homologue le concordat ou prononce le jugement de clôture de la procédure.

Le juge doit tenir compte, pour fixer cette rémunération, de la règlementation de chaque Etat.

Il est tenu compte de :

Chiffre d'affaire réalisé par le débiteur au cours de l'exercice précédant l'ouverture de la procédure collective ;

Nombre de travailleurs employés par le débiteur au cours de cette même période ;

Ratio de recouvrement des créances ;

Temps passé et difficultés éventuellement rencontrées ;

La célérité des diligences accomplir.

La rémunération du syndic de liquidation :

En cas de liquidation des biens, exception faite à une rémunération forfaitaire, le montant du syndic ne peut excéder 20% du montant total résultant de la réalisation de l'actif du débiteur.

La juridiction compétente peut lui accorder une provision sur sa rémunération qui ne saurait excéder 40% du montant prévisionnel de celle-ci

Dans tous les cas, le syndic ne peut recevoir une rémunération au moins égale à 60% que lorsqu'il aura terminé son travail.

10. Les obligations du droit mandataire judiciaire ?

Le mandataire judiciaire est assujetti à quelques obligations dans l'exercice de sa fonction :

Obligation de souscription d'une police d'assurance :

Le mandataire judiciaire a l'obligation de souscrire une police d'assurance auprès d'une compagnie d'assurance régulièrement établie en vue de garantir la répartition des préjudices nés à l'occasion de ses fonctions (art. 4-5).

Obligation de tenir une comptabilité :

Le mandataire se doit de tenir une comptabilité spécifique pour chacune des procédures collectives qu'il accomplit, ceci à des fins de contrôle.

Obligation d'ouverture d'un compte spécial :

Le législateur renvoi chaque Etat de définir l'autorité bancaire qui d'où doit être ouvert ce compte : (cas du Congo : Loi N° 2-2014 du 06 janvier 2014 portant création de la caisse des dépôts et des consignations)

Ce compte reçoit tous les produits provenant des opérations financières réalisées du le patrimoine du débiteur à des fins de la procédure ouverte.

11. La responsabilité des mandataires judiciaires

Cette responsabilité peut être engagée sur trois plans.

Sur le plan disciplinaire :

Les fautes imputables au mandataire judiciaire peuvent faire l'objet des sanctions disciplinaires prononcées par les organes de contrôle au niveau national (types de sanctions : avertissement, blâme avec inscription au dossier, suspension, radiation…).

Sur le plan civil :

Sa responsabilité civile peut être engagée à l'occasion de ses fonctions à l'égard du débiteur, des créanciers et des tiers. Il est solidairement tenu des fautes commises par des personnes qu'il engage dans l'accomplissement de ses missions.

Sur le plan pénal :

Il répond pénalement des infractions qu'il commet dans l'exercice de ses fonctions. Les infractions généralement relevées sont celles : d'abus de confiance et d'escroquerie.

MOT DE BIENVENUE DE L'ADMINISTRATEUR GENERAL DU CEMACO

par Monsieur Prosper BIZITOU

Monsieur le Président de l'ACODM,
Madame la Présidente Honoraire de la CCJA,
Madame le Bâtonnier honoraire du barreau de Pointe-Noire,
Madame la Déléguée Générale du CEMACO Pointe-Noire,
Mesdames, Messieurs, Distingués Invités,

En ma qualité d'Administrateur Général du CEMACO, et au nom de Monsieur le Président du Directoire du CEMACO Pointe-Noire, j'ai nommé Monsieur Didier MAVOUENZELA, Président de la Chambre de Commerce, d'Industrie, d'Agriculture et des Métiers de Pointe-Noire, qui, en tant que hôte de cette manifestation, aurait bien voulu être présent, mais que les contraintes d'agendas ont rendu indisponible, permettez-moi de vous souhaiter la bienvenue en ces lieux.

C'est assurément un honneur pour la jeune institution qu'est le CEMACO Pointe-Noire, d'être associée par l'ACODM, aux côtés des associations savantes du droit, que sont M

L'association Henri Capitant et l'Institut de droit comparé de Paris, dans le cadre de ces échanges portant sur l'actualité du droit en Afrique et dans notre pays le Congo.

L'OHADA en marche, tel est le thème retenu par les *« Ngangas Mayélés »* du droit à l'initiative du colloque qui a démarré il y a deux jours, et dont la présente rencontre constitue l'épilogue. C'est tout un symbole ! Car, dans l'environnement de l'Afrique, notamment l'Afrique centrale, souvent considérée comme terre de prédilection de l'afro-pessimisme, cela peut surprendre.

Oui, sans doute, le bateau OHADA, qui a quitté son port d'attache : Port Louis, depuis bientôt trois décennies (17 octobre 1993) en faisant escale à Québec au Canada (17 Octobre 2008), vogue-t-il dans cet océan fait d'incertitudes, de micro-nationalismes, de replis sur soi, qui constituent autant de freins à son épanouissement. Mais, il n'y a point de doute que nous pouvons entrevoir l'émergence d'une Afrique en marche. Cette Afrique résolument tournée vers l'avenir, un avenir que les richesses de son sol, de son sous-sol, de ses océans, de ses forêts, mais aussi, et surtout, de ses ressources humaines, dont le génie créateur n'attend que d'éclore, aidée par cette volonté de se doter d'un véritable marché commun où circuleraient biens de consommation et forces vives que représentent ses filles et fils, un continent qui demeure ouvert à toutes les cultures.

Oui, les dirigeants africains en mettant en place l'OHADA se sont inscrits dans cette dynamique de l'intégration, en se dotant de lois uniformes applicables immédiatement dans tous les pays signataires, sans autre formalisme. Mais le faisant, ils se sont souvenus que, très tôt, les pères de nos indépendances avaient déjà inauguré ce processus, notamment avec la création, en 1962, à Libreville, de l'Organisation africaine et malgache de la propriété industrielle, qui constituait le premier cadre d'expression de l'uniformisation du droit en Afrique francophone.

Oui, l'Afrique a pu être pionnière parfois. Avec l'OHADA, elle récidive. Doit-on rappeler pour s'en convaincre que ce n'est qu'en 1977 que l'Europe s'est dotée d'un Office central des Brevets, j'ai cité l'OEB, et aujourd'hui, elle tente encore de se doter d'un véritable Code du droit des affaires !

En permettant aux Chambres de commerce d'industrie, d'agriculture et des métiers de mettre en place un Centre de Médiation et d'Arbitrage du Congo « CEMACO », en conformité avec le Traité instituant l'OHADA, les autorités nationales, suivant en cela d'autres Etats parties au Traité instituant l'OHADA, leur ont permis de se doter d'un dispositif complémentaire de règlement des différends commerciaux, à côté du cadre traditionnel de la justice étatique. Ainsi, ont-elles entendu donner un signal fort aux hommes d'affaires préoccupés par la sécurisation de leurs investissements dans un environnement des affaires maîtrisé et maîtrisable.

Monsieur le Président de l'ACODM, Madame la Déléguée Générale du CEMACO, en tant qu'animatrice principale de cette structure, aura le loisir de vous présenter notre jeune institution, dans son organisation mais aussi, et surtout dans ses attributions.

Pour ma part, et au nom du Président du Directoire, je ne puis que vous réaffirmer notre engagement à demeurer un partenaire sûr et fiable pour vous accompagner dans votre démarche consistant à réfléchir sur les problématiques juridiques suscitées par un environnement en perpétuelle évolution, en caressant l'espoir que, dans une ville qui abrite un des ports les plus actifs dans le Golfe de Guinée, le contentieux maritime, constituera une partie importante de l'activité du CEMACO Pointe-Noire, dont la viabilité et la pérennité demeureront tributaires de la volonté des uns et des autres d'en faire une réalité vivante.

Je vous souhaite donc un bon moment d'échanges.

Je vous remercie.

ALLOCUTION DE MADAME LA DELEGUEE GENERALE DU CEMACO

par Madame Parfaite PANTOU

Monsieur le Président de l'ACODM
Monsieur l'Administrateur Général du CEMACO
Distingués Invités, Mesdames et Messieurs.

Avant tout propos, je voudrais remercier Monsieur le Président de l'ACODM et l'ensemble des organisateurs de ce colloque pour leur confiance en associant le CEMACO.

Et je le remercie également pour l'honneur qui m'est fait ce soir de présenter une communication sur cette riche problématique concernant les MARL dans l'environnement économique en Afrique SUBSAHARIENNE en je me réjouis de ce que le Président de l'ACODM ait bien voulu associer à cette démarche, les praticiens de l'arbitrage et de la Médiation.

Mesdames et Messieurs, Distingués Invités

La tenue de ce Colloque ce jour à Pointe-Noire portant sur l'OHADA EN MARCHE, intervient après ceux organisés le lundi 24 et mardi 25 février à Brazzaville sur les questions juridiques actuelles liées au droit des affaires.

L'espace OHADA compte à ce jour 17 états Africains, chacun ayant sa culture, un héritage juridique, une histoire et des situations économiques différentes. Dans ces conditions, peut-on parler de MARL (Mode alternatifs de règlement de litiges) en Afrique de manière globale

Dans le cadre des échanges de ce colloque, nous retiendrons cette globalisation comme acceptable. En effet, nous verrons que les praticiens de l'arbitrage et de la Médiation en Afrique ont choisi de parler au niveau du continent dans un cadre bien défini qui est l'OHADA.

Les communications de ce mercredi 26 février se poursuivent ici à Pointe- Noire avec les interventions de :

- M. Médard BACKIDI ancien Directeur des études et stages à l'ERSUMA qui va nous parler de la Médiation dans l'espace OHADA.

- Nous poursuivrons avec la communication de Madame Flora DALMEIDA Ancienne présidente de la CCJA : sur LES PRATIQUES DE L'ARBITRAGE A LA CCJA

Toutes ses interventions constituent la concrétisation de quelques actions de l'OHADA et la promotion des Actes uniformes existants depuis sa création.

Il est très important aujourd'hui pour l'Afrique que la gestion des affaires soit harmonisée dans un environnement juridique sécurisée qui renforce la confiance des opérateurs économique et favorise l'investissement étranger ;

Pour l'ACODM et le CEMACO ce colloque est le reflet d'une synergie en marche des pays africains autour de la dynamique du droit de l'OHADA dans ses différents actes uniformes.
Toutes ces communications concourent à :

- **La sensibilisation**
- Vulgarisation des Actes uniformes de l'OHADA de manière à susciter des travaux de réflexions scientifiques sur les éventuelles réformes.

Mesdames et Messieurs,
Distingués invités,

La promotion de l'arbitrage et de la Médiation comme instrument de règlement des contentieux d'affaires est l'un des enjeux de l'OHADA, les différents actes uniformes signés par les états africains sous l'égide de l'OHADA modernisent et transforment sans aucun doute le climat des affaires de nos pays.

L'OHADA a réalisé une grande innovation en assurant la mise en place d'un centre régional d'arbitrage spécifique unique en son genre, La CCJA.

Notre honorable invitée Madame Flora DALMEIDA ancienne Présidente de la CCJA nous apportera plus d'informations tout à l'heure sur les missions de cette grande institution.

En bref, la CCJA est source d'inspiration pour les Centres Africains d'Arbitrage et de Médiation, c'est le cas du CEMACO au CONGO à Pointe- Noire et Brazzaville.

C'est depuis 1999 que les institutions de l'OHADA avaient annoncé qu'il fallait instaurer d'autres modes alternatifs de règlement de litiges d'affaire, dans le but de poursuivre l'objectif de sécurisation judiciaire, d'établir un courant de confiance en faveur des économies des Etats-parties.

En 2017 Les pouvoirs publics des états signataires du traité de l'OHADA notent une grave désertion des investisseurs repoussés par l'insécurité judiciaire,

Ce ressentiment inquiétant ne pouvait les laisser sans réactions et ce n'est qu'en 2017 que le conseil des ministres de la justice, garde des sceaux des 17 états membres de l'OHADA adoptent l'acte uniforme du 23 Novembre relatif à la médiation et à l'arbitrage ;

La volonté a été exprimée par tous de promouvoir les MARL qui apparaissent comme une solution adaptée au règlement des différends d'affaires et permettre aux opérateurs économiques d'améliorer le climat des affaires et **surtout de poursuivre leur relation d'affaire.**

Comme vous le savez, en cas de litiges, le réflexe naturel des opérateurs économiques au Congo ; c'est le recours aux tribunaux au détriment du recours au règlement amiable.

Ainsi donc l'ouverture du CEMACO à Pointe-Noire en mars 2019 constitue la matérialisation du vœu exprimé par les 17 Etats signataires du Traité de l'OHADA dont le Congo.

Depuis l'ouverture du CEMACO Pointe-Noire, une grande campagne de sensibilisation auprès des opérateurs économiques se poursuit pour son opérationnalisation.

Le CEMACO a pour vocation :

- Promouvoir la culture de l'arbitrage et de la médiation pour les litiges d'affaires par l'information, la sensibilisation, la formation, la publication, et les conférences.
- Accompagner les entreprises à s'approprier cette nouvelle culture par la systématisation des clauses compromissoires dans leurs contrats d'affaires.
- D'organiser et mettre en œuvre des procédures d'arbitrage et de médiation au profit des opérateurs économiques, nationaux et non nationaux pour le règlement de leurs litiges d'affaires.

La Médiation et l'Arbitrage, apparaissent ainsi comme un levier de développement des entreprises.

A cet effet le CEMACO, dans les activités d'arbitrage et de Médiation dispose d'atouts certains de nature à permettre la réalisation de ses objectifs.

• Garanties d'exercice : Ses médiateurs, arbitres et experts**, sont disponibles et couvrent tout le spectre de l'activité économique**. Et ses Procédures sont absolument transparentes pour les parties.

L'ARBITRAGE SE CARACTERISE COMME

Un mode alternatif de règlement des litiges contractuels basé sur la volonté des parties qui se manifeste à travers la convention d'arbitrage.

La sentence finale prononcée a un caractère obligatoire pour les parties. Le juge de l'exéquatur est saisi par requête et sa notification doit intervenir dans un délai de 15 jours ? Faute de quoi l'exequatur est réputé accordé.

QUANT A LA MEDIATION

La médiation est un processus amiable de résolution des différends. Un mode de règlement de litige par le rapprochement des parties. Le médiateur est un catalyseur dont le but est de faciliter les négociations.

Pour une jeune institution, il me parait utile de rappeler :

LES AVANTAGES DE CES 2 PRINCIPALES PROCEDURES L'ARBITRAGE ET DE LA MEDIATION

- **Discrétion et Confidentialité**

Toutes les réunions et les audiences se tiennent à huit clos.

- **Rapidité et célérité**

Le tribunal arbitral est tenu de rendre sa sentence dans un délai de 6 mois

Le médiateur dans un délai de 2 mois (En affaire, le temps c'est de l'argent)

- **Souplesse de la procédure et libre choix du droit applicable**

Les parties peuvent choisir librement la procédure qui leur convient dans le cadre du déroulement ; de l'instance arbitrale ou de la procédure de médiation.

- **Liberté de choix de l'arbitre ou du Médiateur**

L'arbitre ou le médiateur doit être et demeurer indépendant et impartial des parties. Il ne peut recevoir directement une quelconque rémunération des parties.

- **Un coût raisonnable**

Le cout de l'arbitrage au CEMACO est raisonnable et tient compte du contexte de nos entreprises en difficultés

Des tarifs forfaitaires pour cette première année de lancement.

La continuité de la relation d'affaires : Une garantie

Le règlement des contentieux d'affaires dans un cadre apaisé et convivial permet inévitablement aux parties de poursuivre leur relation d'affaires.

Mesdames et Messieurs,
Distingués invités,

Avant de terminer mon propos, je voudrais renouveler le témoignage de notre infinie gratitude aux partenaires financiers de ce projet qui est l'Union Européenne, qui a bien voulue nous accompagner dans ce nouveau dispositif.

Cet engagement collectif pour les MARL à travers ce colloque laisse augurer d'un avenir plein d'espoir dans l'espace OHADA.

Il reste entendu comme souhaité par certains, que d'autres échanges comme ceux-ci, devraient se poursuivre pour permettre aux acteurs économiques Africains d'intégrer aisément les procédures de l'arbitrage et de la médiation.

Il ne nous reste plus qu'à souhaiter une bonne poursuite de nos efforts visant à accompagner ce dispositif des MARL dans le but d'améliorer davantage le climat des affaires.

En espérant avoir le plaisir de nous retrouver en d'autres circonstances pour la continuité de cette cause. Nous souhaitons plein succès pour la suite de nos échanges, je vous remercie pour votre aimable attention pour la suite des communications.

LA MEDIATION DANS L'ESPACE OHADA

par Médard BACKIDI
Docteur en Droit,
Ancien directeur des études et des stages à l'ERSUMA

Créée par le traité de Port-Louis du 17 octobre 2013, l'Organisation pour l'Harmonisation en Afrique du Droit des Affaires (OHADA) a fait de l'arbitrage dès son origine, le mode alternatif privilégié de règlement des litiges commerciaux.

En revanche, la médiation n'était pas prise en compte comme mode alternatif de règlement de litiges. Cependant, certains Etats africains avaient déjà adoptés des textes nationaux instituant la médiation, c'est le cas du Burkina Faso par la loi N° 52-2012 du 17 décembre 2012, de la Côte d'Ivoire par la loi N° 2014-389 du 20 juin 2014 et enfin du Sénégal par le décret N°2014-1653 du 24 décembre 2014.

Au regard de l'importance que prend dc plus en plus la médiation dans le règlement des litiges, le Conseil des Ministres de l'OHADA lors de sa 45éme session tenue les 23 et 24 novembre 2017 à Conakry (Guinée), a adopté l'Acte Uniforme relatif à la médiation, comblant ainsi le vide législatif qui existait dans la plupart des Etats de l'espace OHADA.

Il est néanmoins important de souligner que la médiation, avant d'être un sujet d'étude juridique, a été une pratique millénaire dans nos Etats africains, pour assurer la cohésion et l'harmonie sociales.

En effet, dans nos cultures africaines, on parlait de « l'arbre à palabre ou le mbongui », lieu de rencontre des autorités pour restaurer l'équilibre social, garantir la paix et la cohésion entre les communautés en cas de litiges. Ce mode de règlement de litiges permet ainsi de prendre en considération toutes les dimensions possibles du conflit notamment humaines, économiques, sociales et culturelles.

Si la culture africaine utilisait déjà ce mode, quelle est donc l'utilité de l'Acte Uniforme relatif à la médiation ?

L'Acte Uniforme vient donner à la médiation une meilleure visibilité notamment vis-à-vis des opérateurs économiques et de rassurer ceux-ci en mettant en place un cadre juridique alliant liberté, sécurité et rapidité.

La médiation apparaît comme une nouvelle matière avec des principes, un processus et des techniques qui doivent être maîtrisés aussi bien par les gestionnaires des centres que les praticiens du droit.

L'analyse rapide de cet Acte uniforme nous amène à faire ressortir les généralités de la médiation à travers sa définition et son identification (I) et les principes directeurs de la médiation (II) en y incluant de façon synthétique les étapes importantes du processus de la médiation.

I- DEFINITION ET IDENTIFICATION DE LA MEDIATION

Mode non juridictionnel de la prévention et règlement des litiges, la médiation privilégie la volonté des parties de s'entendre, grâce à l'aide d'un tiers neutre, indépendant, impartial, compétent qui permet aux parties d'engager un véritable dialogue, afin de parvenir à une solution consensuelle.

L'Association du Barreau Canadien dans un rapport sur les solutions de rechange ou règlement des conflits définit la médiation comme « l'intervention dans un litige ou dans le processus de négociation d'un tiers neutre et impartial qui sans pouvoir décisionnel peut quand même aider les parties en litige à s'entendre pour arriver à un règlement mutuel acceptable des questions en litige. »

L'Acte Uniforme relatif à la médiation, dans son art. 1er, définit la médiation comme « tout processus quelle que soit son appellation, dans lequel les parties demandent à un tiers de les aider à parvenir à un règlement amiable d'un litige, d'un rapport conflictuel ou d'un désaccord découlant d'un rapport juridique, contractuel ou autre lié à un tel rapport, impliquant des personnes physiques ou morales, y compris des entités publiques ou des Etats. »

En parlant de quelle qu'en soit son appellation, l'acte uniforme nous amène à ne pas faire de distinction entre différents modes de règlement des litiges à savoir conciliation, négociation, facilitation, ou encore l'expertise amiable. Il ressort de cette ouverture que l'Acte Uniforme sur la médiation s'applique même si les parties qualifient le processus défini de conciliation, de transaction, d'expertise amiable…

De façon principale, la médiation est une approche structurée de gestion de désaccords, de différends ou de conflits, c'est un processus volontaire et confidentiel de résolution de conflit par lequel les parties recourent à un tiers professionnel, neutre, indépendant et impartial appelé le médiateur qui les aidera à élaborer un accord acceptable pour chacune des parties dans le respect de leurs besoins.

La mission de ce tiers appelé « médiateur » est celle d'aider les parties à trouver un accord tout en étant libre dans la mise en œuvre des techniques pouvant aider les parties.

Il est essentiel de garder présent à l'esprit que le médiateur est au service des parties et ne peut jamais aller à l'encontre de leur volonté. La médiation peut être conventionnelle ou judiciaire.

La médiation conventionnelle tire son fondement dans la volonté des parties à recourir à celle-ci, elle peut être ad' hoc ou institutionnelle ;

La médiation judiciaire émane le plus souvent de la volonté du juge mais avec l'accord des parties.

La médiation peut être suggérée, jamais imposée. Le refus ou l'interruption d'une médiation ne peut avoir des conséquences sur la suite du règlement du conflit.

Etant un processus confidentiel, le médiateur est tenu par le secret professionnel ainsi que les autres parties qui doivent s'engager si possible par la signature d'un protocole de médiation à la stricte confidentialité de tout ce qui est dit, écrit… en médiation. Rien de ce qui se sera passé en médiation ne pourra être utilisé devant un juge si le conflit était ultérieurement porté devant la justice. La confidentialité permet la libération de la parole, le respect mutuel, la prise de conscience des besoins et intérêts de l'autre.

Le champ d'application de la médiation est vaste dans la mesure où elle peut être appliquée dans n'importe quelle matière à condition qu'elle porte sur des litiges dans lesquels les droits en cause sont à la libre disposition des parties, c'est-à-dire ne sont pas d'ordre public.

A titre illustratif, on peut retenir les domaines les plus connus :

Familial : (conjugal, patrimonial, garde, pension alimentaire…) ; civil : (copropriété, assurance, voisinage, construction …) ; commercial (relations clients-fournisseurs, conflits associés, qualité, conformité des produits, concurrence…) ; social (rupture du contrat, discrimination, harcèlement, grève…) ; politique (contestations électorales …) service public ou administratif (relations administrés – Etat …).

II- LES GRANDS PRINCIPES DE LA MEDIATION

Les principes peuvent être résumés en quatre mots : Liberté, Qualité, Confidentialité et Efficacité.

La liberté des parties : La médiation ne peut être imposée aux parties en litige, car celle-ci trouve à la fois sa légitimité et son efficacité dans la libre adhésion des parties. Cette liberté existe tout au long de la médiation. Chaque partie peut y mettre fin, sans justification ni conséquence, ce qui différencie la médiation de l'arbitrage.

Indépendamment du savoir-faire du médiateur, c'est aussi parce que les parties ont décidé de plein gré de s'asseoir autour de la même table qu'elles vont pouvoir instaurer un dialogue et travailler activement à une solution que le médiateur, du coup, n'aura pas besoin de leur proposer.

La qualité du Médiateur : Le médiateur doit rassembler en lui-même un certain nombre de qualités permettant à celui-ci d'être indépendant, impartial et disponible. En effet, l'indépendance et l'impartialité du médiateur sont essentielles au bon déroulement du processus et contribuent à conférer au médiateur son autorité.

Un bon médiateur doit être à la disposition des parties et il doit avoir la maîtrise du temps.

Il est désigné par les parties conformément aux modalités prévues par leur accord. Dans le cadre d'une médiation institutionnelle, une liste des médiateurs agrée par l'institution est mise à la disposition des parties qui doivent désigner de commun accord un médiateur. Faute d'accord entre les parties, l'institution saisie désigne sur sa liste un médiateur, dans les plus brefs délais et en informe les parties.

La confidentialité : C'est le principe même de la médiation (art 10 AUM). L'assurance que la confidence ne se retournera pas contre son auteur, permet aux parties de libérer leurs non-dits, de reconnaître leur part de responsabilité dans la situation litigieuse, de faire des propositions. Cette confidentialité s'impose aux parties mais également au médiateur ainsi que le cas échéant à « toute personne, y compris celles ayant été associées à l'administration d'une procédure de médiation.

L'efficacité du processus est liée au respect de la mise en œuvre des délais arrêtés préalablement par les parties. Faute de délai fixé, l'absence de réponse d'une partie dans les quinze jours de la proposition de médiation formulée par la partie adverse doit être considérée comme un rejet de proposition (art 4 AUM).

En revanche, il n'est expressément assigné aucun délai par l'Acte Uniforme au déroulement de la médiation si ce n'est que la juridiction saisie du litige qui devra fixer le délai de suspension de la procédure pendant le déroulement de la médiation (art 4 al 3) , contrairement à la procédure d'arbitrage (art 12 de l'Acte Uniforme au droit de l'arbitrage)

Déroulement type d'une médiation

Chaque médiateur a sa personnalité et une approche qui lui est propre. Cependant, le processus de la médiation peut être structurée par un canevas de cinq étapes.

- Accueil, rappel des règles, explication claire sur le déroulement du processus (engagement formel des parties à respecter)

- Exposé des faits et du ressenti (les sentiments)

Chaque partie présente les faits de son point de vue sans aucune interruption. Un bon médiateur est une personne qui écoute avec attention et compréhension. Il encourage les parties à exprimer tous les faits et sentiments cruciaux et essaie de dégager les causes sous-jacentes du problème. Après chaque récit, il demande aux participants ce qu'ils attendent exactement de l'audience et résume ensuite tous les aspects essentiels de la question.

- Expression des besoins, intérêts et motivations de chacun

Derrière les positions de chacun se cachent des besoins spécifiques et des intérêts qui ne sont pas exprimés dans une situation « conflictuelle ». Ces éléments sont la clef qui permettra de proposer des solutions au conflit

Le caractère confidentiel de la médiation interdit, sauf accord des parties, la communication des informations échangées hors du champ de la médiation.

- La génération d'options

Les options sont des pistes de solutions, imaginées librement par les acteurs dans un esprit de créativité stimulé par le médiateur.

Le médiateur, après avoir rétabli un climat de dialogue et de confiance mutuelle suffisant, aide les parties à exprimer leurs points de vue, mettre en évidence les intérêts et besoins. Il permet aussi d'élargir le champ des solutions possibles, parfois bien différentes de celles envisagées au départ.

- L'accord de médiation

Parmi les différentes pistes de solutions, l'une s'imposera le plus souvent aux parties comme répondant le plus largement possible à leurs besoins respectifs.

Cette solution formera un accord acceptable pour tous parce que :

✓ Elle est élaborée à partir des besoins et intérêts réciproques plutôt que des positions de chacun ;
✓ Elle tient compte des sentiments librement exprimés ;

- ✓ Elle est forgée suite à la mise en œuvre d'un processus de créativité conduit par le médiateur ;
- ✓ C'est un accord indépendant d'un cadre juridique exigu, étroit ;
- ✓ Personne ne perd la face.

Conformément à l'Acte Uniforme relatif à la médiation, il est prévu que cet accord peut être déposé au rang des minutes d'un notaire, lequel délivrera alors une copie exécutoire de cet accord. Ce dépôt ne peut se faire que sur requête conjointe des deux parties. Il est également prévu qu'à la requête de la plus diligente des parties, l'accord issu de la médiation puisse faire l'objet d'une homologation ou d'un exequatur dans un délai extrêmement bref de quinze jours ouvrables.

Si une des parties estime que l'accord de médiation est contraire à l'ordre public, elle peut saisir la CCJA d'un recours contre l'acte d'homologation ou d'exequatur, laquelle devra statuer dans un délai maximum de six mois.

L'expérience montre néanmoins que les accords de médiation sont dans la très grande majorité des cas, exécutés spontanément sans recourir à une exécution forcée. Cet aspect donne à la médiation un avantage certain sur l'arbitrage en termes de rapidité, d'efficacité et de coûts.

CONCLUSION

L'adoption de l'Acte Uniforme relatif à la médiation va permettre le développement de la médiation dans l'espace OHADA.

De par ses règles, principes de fonctionnement et sa finalité, la médiation pourra supplanter les modes juridictionnels de règlement des conflits.

La mise en place du Centre d'arbitrage et de médiation au Congo (CEMACO) est un grand atout pour le développement de la médiation, mais ce développement doit passer par la formation des médiateurs car les techniques de médiation pour mener à bien une médiation ne s'improvisent pas et doivent s'apprendre.

LES PRATIQUES DE L'ARBITRAGE CCJA

par Madame Flora DALMEIDA MELE
Magistrat, ancienne présidente de la CCJA OHADA

La préoccupation des Etats parties au traité OHADA est leur développement économique par la lutte contre l'insécurité juridique et judiciaire qui dominait dans les Etats et avait pour conséquence l'abandon des projets d'investissements d'une part et, d'autre part, par l'encouragement à l'arbitrage comme instrument de règlement des différends contractuels.

C'est ainsi que l'OHADA a mis à la disposition des investisseurs dans son espace, deux systèmes d'arbitrages :

- L'arbitrage de droit commun (arbitrage OHADA) régi par l'AU relatif au droit de l'arbitrage. Il organise le droit commun de l'arbitrage en fixant les principes généraux applicables aux **arbitrages ad'hoc** et aux **arbitrages institutionnels des centres nationaux** d'arbitrage ou d'autres centres dès lors que le siège de l'arbitrage est situé dans l'espace OHADA.

- Et l'arbitrage institutionnel CCJA, objet de notre exposé.

L'arbitrage CCJA est régi par les articles 21 à 26 du Traité OHADA et par le Règlement d'arbitrage CCJA de mars 1999 modifié en novembre 2017 et ses textes annexes. Cet arbitrage a une spécificité qui réside dans le fait que la CCJA est à la fois un **centre permanent d'arbitrage** exerçant des **fonctions d'administration** des arbitrages sous son égide et **une Cour judicaire**, exerçant des **fonctions juridictionnelles** dévolues aux juridictions nationales des Etats parties dans l'arbitrage OHADA de droit commun en cas de recours contre la sentence arbitrale et la demande d'exéquatur.

I- LA CCJA- OHADA, UN CENTRE PERMANENT D'ARBITRAGE

Aux côtés de son rôle de Cour de cassation, la CCJA est aussi un centre d'arbitrage qui organise, suit le déroulement de la procédure d'arbitrage jusqu'au rendu de la sentence. C'est à ce titre que l'article 1er du Règlement d'arbitrage énonce que « la Cour exerce …les attributions d'administration des arbitrages dans le domaine qui lui est dévolu par l'article 21 du Traité …les décisions que la Cour prend à ce titre en vue d'assurer la mise en œuvre et la bonne fin des procédures arbitrales et celles liées à l'examen de la sentence, sont de nature administratives... ».

I.1. Champ d'application de l'arbitrage CCJA

Aux termes de l'article 21 du traité, « en application d'une clause compromissoire ou d'un compromis d'arbitrage, toute partie à un contrat, soit que l'une des parties ait son domicile ou sa résidence habituelle dans un Etat partie, soit que le contrat soit exécuté ou à exécuter en tout ou partie sur le territoire d'un ou plusieurs Etats parties, peut soumettre un différend d'ordre contractuel à la procédure d'arbitrage (CCJA) prévue par le présent titre »

L'article 2.1, alinéa 2 du Règlement d'arbitrage modifié en 2017 innove en retenant que « la Cour peut également administrer des procédures arbitrales fondées sur un instrument relatif aux investissements, notamment un code des investissements ou un traité bilatéral ou multilatéral relatif aux investissements ».

Ainsi, pour recourir à l'arbitrage CCJA, il faut l'existence d'une convention d'arbitrage qui vise l'arbitrage CCJA, que le litige résulte d'un contrat, que l'une des parties ait son domicile ou sa résidence dans l'un des Etats parties ou que l'exécution du contrat se déroule en tout ou en partie sur le territoire de l'une des parties.

En outre, si un instrument relatif aux investissements prévoit la possibilité de recourir à une procédure d'arbitrage, l'investisseur peut recourir à l'arbitrage CCJA.

a) Convention d'arbitrage et ses effets

La convention d'arbitrage est l'acte par lequel les parties à un contrat consentent à soumettre le règlement de leurs litiges à un tribunal privé.

La convention d'arbitrage peut prendre la forme d'une clause compromissoire ou d'un compromis. Elle doit être faite par écrit ou par tout autre moyen permettant d'en administrer la preuve.

Lorsque les parties s'engagent à recourir à l'arbitrage CCJA, elles ont l'obligation de se soumettre aux différents textes y relatifs dont le titre IV du traité sur l'arbitrage CCJA, le règlement d'arbitrage CCJA, le règlement intérieur d'arbitrage CCJA, le barème des frais de l'arbitrage et leurs annexes, le règlement de procédure de la CCJA.

b) Matières arbitrables

A l'exception des matières dans lesquelles un Etat interdit le recours à l'arbitrage, la convention d'arbitrage peut porter sur les droits dont les parties ont la libre disposition y compris les contrats d'investissements lorsqu'il s'agit d'un Etat ou des personnes physiques.

I.2. Déroulement de la procédure d'arbitrage

La procédure se déroule en trois étapes :

Devant le Secrétaire général

Devant la Cour

Devant le tribunal arbitral

I.2.1. Devant le Secrétaire général

Le demandeur adresse sa requête au Secrétaire général. Cette demande contient un certain nombre de mentions notamment les noms, prénoms adresses des parties, l'exposé sommaire du différend, la convention d'arbitrage ou l'indication de l'instrument relatif aux investissements sur lequel est fondé la demande, les prétentions du demandeur et les moyens produits à l'appui de la demande ainsi que le montant des demandes, l'indication sur le nombre et choix des arbitres. (Art 5 RACCJA). La demande doit être accompagnée de la somme de 200 000 FCFA représentant le montant prévu pour l'introduction de l'instance. Le Secrétaire général notifie au défendeur la date de réception de la demande. Il joint à la notification un exemplaire de la requête à laquelle sont annexés toutes les pièces et un exemplaire du règlement d'arbitrage CCJA. Il accuse réception de la requête au demandeur.

Le défendeur a un délai de 30 jours à partir de la notification pour répondre à la demande d'arbitrage. Il doit répondre à tous les points soulevés dans la demande et produire les pièces sur lesquelles il entend fonder sa défense. Sa réponse doit contenir des éléments de réponse sur toutes les demandes formulées dans la requête (nombre d'arbitres, siège de l'arbitrage, langue de l'arbitrage). Si le défendeur a formulé une demande reconventionnelle, le demandeur a un délai de 30 jours pour transmettre une note complémentaire en réponse à ladite demande.

La réponse à la demande d'arbitrage et éventuellement la production de la note complémentaire permettent au SG, dans la mesure où il n'y a pas de contestation sur l'existence de la convention d'arbitrage, de saisir la Cour pour la mise en œuvre de l'arbitrage.

Si le défendeur ne produit pas sa réponse dans le délai de 30 jours ou dans le nouveau délai imparti par le SG, en cas de prorogation de délai, le SG transmet la requête d'arbitrage à la Cour.

Il en est de même pour le demandeur à l'arbitrage qui ne produit pas sa note complémentaire dans le délai de 30 jours de la réception de la réponse du défendeur, le SG saisit la Cour avec les éléments en sa possession pour la mise en œuvre de l'arbitrage.

L'arbitre pressenti doit avant sa nomination ou sa confirmation par la Cour révéler par écrit au SG toutes circonstances de nature à soulever des doutes sur son indépendance et son impartialité. Dans la pratique, le SG fait remplir à l'arbitre pressenti une déclaration d'acceptation et d'indépendance sur laquelle celui-ci formule ses observations sur son acceptation de la mission ou son refus en déclinant sa mission d'arbitre.

I.2.2. Devant la Cour

La Cour a pour mission d'administrer l'arbitrage en contrôlant le bon déroulement de la procédure.

A ce stade, l'administration de la procédure est assurée par une formation restreinte composée d'un Président qui est l'un des vice-présidents et de deux juges. Les décisions prises sont d'ordre administratif et insusceptible de recours.

a) Examen de la convention d'arbitrage

Le recours à l'arbitrage CCJA entraine l'examen *prima facie* de la convention d'arbitrage dont les effets peuvent être de trois ordres :

- Existence d'une convention d'arbitrage visant expressément le Règlement d'arbitrage CCJA. Dans ce cas, la Cour met en œuvre l'arbitrage.
- Absence de convention visant l'arbitrage CCJA : dans ce cas, deux hypothèses peuvent se présenter :
- Soit le défendeur répond et accepte l'arbitrage CCJA, dans ce cas, l'arbitrage aura lieu ; c'est un compromis d'arbitrage
- Soit Le défendeur décline l'arbitrage CCJA ; la Cour informe les parties par une décision que l'arbitrage n'aura pas lieu après qu'elle a donné la possibilité au demandeur de présenter d'éventuelles observations.
- Existence d'une convention d'arbitrage ambiguë ; dans ce cas, la Cour ayant constaté *prima facie* l'existence de la convention, peut décider que l'arbitrage aura lieu. Le tribunal arbitral statuera donc sur sa propre compétence.

b) Siège et provision

La Cour fixe le siège (lieu) de l'arbitrage.

Elle fixe également le montant de la provision pour les frais d'arbitrage qui comprennent : les honoraires de l'arbitre, les frais administratifs, les frais éventuels de l'arbitre, les frais de fonctionnement du tribunal arbitral, les honoraires et frais d'experts en cas d'expertise.

L'instance arbitrale se déroule devant un tribunal composé d'arbitres dont la désignation répond à certains critères.

c) Désignation des arbitres

Le tribunal arbitral est composé d'un arbitre ou de trois arbitres.

Les parties désignent leurs arbitres que la Cour confirme. Elle peut aussi nommer un arbitre dans certains cas.

Pour un tribunal à arbitre unique, les parties le désignent d'un commun accord. A défaut d'accord par les parties sur la désignation de l'arbitre unique dans le délai de 30 jours à compter de la notification de la demande d'arbitrage à l'autre partie, la Cour nomme l'arbitre unique. (Art 3.1 RA CCJA).

Si c'est un tribunal à trois arbitres, chaque partie en désigne un dans la demande d'arbitrage et dans la réponse à celle-ci pour confirmation par la Cour. Si une des parties s'abstient, la nomination est faite par la Cour. Le troisième arbitre qui assure la présidence du tribunal est nommé par la Cour à moins que les parties décident que les deux arbitres désignent le troisième arbitre dans un délai. Si dans le délai fixé, les parties n'ont pu se mettre d'accord, la Cour nomme le troisième arbitre

Si les parties n'ont pas fixé d'un commun accord le nombre d'arbitres, la Cour nomme un arbitre unique à moins que le différend ne lui paraisse justifier la désignation de trois arbitres. Dans ce cas, les parties disposent d'un délai de 15 jours pour procéder à la désignation des arbitres. (Art 3.1 RA CCJA).

La Cour possède une liste d'arbitres qu'elle met annuellement à jour.

En cas de demande de récusation de l'arbitre, la Cour apprécie les motifs allégués, à défaut, l'arbitre est confirmé.

d) Rémunération des arbitres

Les honoraires des arbitres sont fixés exclusivement par la Cour sur le fondement de la décision 004/99 du 3 février 1999 fixant le barème sur les frais d'arbitrage et les annexes. Tout accord passé entre les arbitres et les parties à cet effet sans l'autorisation de la Cour est de nul effet.

Toutefois, en fonction des circonstances, et sur la demande du tribunal arbitral, la Cour peut réaménager les barèmes.

e) Obligations de l'arbitre

L'arbitre doit être indépendant, impartial vis-à-vis des parties et s'engage à poursuivre sa mission jusqu'au terme de celle-ci à moins de justifier d'un empêchement.

Il doit être diligent et conduire sa mission avec célérité en toute confidentialité.

Après constitution du tribunal arbitral et paiement de la provision fixée par la Cour, le dossier est transmis au tribunal arbitral par le SG.

I.2.3. Devant le tribunal arbitral

Le SG transmet le dossier à chaque membre du tribunal arbitral. Une copie de la lettre de transmission est adressée à chaque partie pour les informer de la remise du dossier au tribunal arbitral.

a) Réunion de cadrage

Dès réception du dossier, le tribunal arbitral convoque la première réunion dite réunion de cadrage dans un délai de 45 jours contre 60 jours dans l'ancien texte pour renforcer la célérité de la procédure. Pour réduire les coûts et faciliter la conduite de la procédure, la réunion peut se tenir, avec l'accord des parties, sous forme de conférence téléphonique ou vidéoconférence. Sont conviés à cette réunion les parties ou leurs représentants dûment habilités et leurs conseils, en vue d'élaborer le procès-verbal de cadrage issu de cette réunion.

La réunion de cadrage fixe l'objet du litige (saisine du tribunal, exposé des différentes demandes sur lesquelles le tribunal doit se prononcer avec indication sommaire des motifs de ces demandes et les moyens invoqués par chacune des parties dans leurs mémoires respectifs).

Elle vérifie s'il y a une convention entre les parties sur le siège de l'arbitrage, la langue de l'arbitrage, la loi applicable.

Elle établit le calendrier prévisionnel de la procédure avec précisions des dates de remises des mémoires respectifs ainsi que la date de l'audience où les débats seront clos et qui ne doit pas excéder six mois après la signature du procès-verbal par toutes les parties.

En cas de refus d'une des parties de signer le procès-verbal de cadrage, le document est soumis à la Cour pour approbation.

En cas de nécessité, le calendrier prévisionnel peut subir un changement sur initiative du tribunal après observations des parties. Tout changement de date est soumis au SG qui en informe la Cour.

L'instruction de l'affaire se déroule avec diligence.

A l'issue des débats, les arbitres rédigent la sentence

b) Sentence

La sentence doit être rédigée et signée dans les 90 jours de la clôture des débats.

Le projet de sentence est préalablement envoyé à la Cour pour ses observations dans un délai de 30 jours à compter de sa réception. Contrairement à l'ancien texte du règlement qui prévoyait que la Cour était tenue à des observations de pure forme dont aucun délai n'était prévu, le Règlement modifié de novembre 2017 élargit le contrôle exercé par la Cour ; désormais, outre la forme, la Cour peut attirer l'attention du tribunal sur des points qui n'ont pas été examinés, sans faire de proposition sur le fond du différend.

Après examen du projet de sentence par la Cour, le texte est renvoyé à l'arbitre.

Le tribunal arbitral signe la sentence et dépose l'original auprès du secrétaire général qui la notifie aux parties après règlement intégral des frais d'arbitrage

La sentence dessaisit le tribunal arbitral du différend sauf en cas de rectification d'erreur matérielle ou d'interprétation.

c) Etape préalable à l'arbitrage

Les conventions d'arbitrage prévoient de plus en plus une étape préalable à l'arbitrage pour permettre aux parties de régler leur différend à l'amiable : la négociation, la conciliation, la médiation. (Art 21.1 RA CCJA).

Outre ses attributions administratives consistant à conduire les procédures d'arbitrage sous son égide, la CCJA exerce, en matière arbitrale, des fonctions juridictionnelles pour statuer sur tout recours exercé contre la sentence arbitrale ou sur toute demande d'exéquatur.

II- LA CCJA, COUR DE JUSTICE EN ARBITRAGE

La phase post arbitrale se déroule devant la CCJA, en tant que juridiction.

Malgré le caractère définitif de la sentence, les parties ont la possibilité d'exercer un recours contre la sentence devant la CCJA qui se mue en juridiction après avoir joué depuis le début de l'instance arbitrale, un rôle administratif.

II.1. Recours contre la sentence

La sentence ne peut faire l'objet d'opposition, ni d'appel ni de pourvoi en cassation. Le règlement d'arbitrage prévoit trois voies de recours extraordinaires contre celle-ci : le recours en annulation, le recours en révision, la tierce opposition.

a) Le recours en annulation de la sentence

Ce recours s'exerce devant la CCJA alors que traditionnellement, ce rôle est dévolu aux juges de l'Etat où se trouve le siège de l'arbitrage. C'est une originalité de l'arbitrage CCJA.

La partie qui entend annuler une sentence arbitrale forme un recours devant la CCJA dès le prononcé de la sentence ou dans un délai de deux mois à compter de la notification de ladite sentence.

La sentence ne peut être annulée, selon l'art 29.2 du RA que :

- Si le tribunal arbitral a statué sans convention d'arbitrage ou sur une convention nulle ou expirée
- Si le tribunal arbitral a été irrégulièrement composé ou l'arbitre unique irrégulièrement désigné
- Si le tribunal arbitral a statué sans se conformer à la mission qui lui avait été confiée
- Si le principe de la procédure contradictoire n'a pas été respecté
- Si la sentence est contraire à l'ordre public international
- Si la sentence arbitrale est dépourvue de toute motivation

Elle peut toutefois renoncer au recours en annulation si la sentence n'est pas contraire à l'ordre public international.

Dans un souci de célérité, le Règlement modifié impartit à la Cour un délai de six mois de sa saisine pour rendre sa décision.

La procédure sur le recours en annulation est conduite dans les conditions prévues par le règlement de procédure CCJA en matière contentieuse. Toutefois, tous les délais prévus dans ledit Règlement de procédure sont réduits de moitié dans le cadre des recours en annulation.

La procédure est contradictoire.

Si la Cour estime bien-fondés les griefs formés contre la sentence, elle l'annule.

Elle évoque et statue au fond si les parties en font la demande.

A défaut, la procédure est reprise à la requête de la partie la plus diligente à partir du dernier acte de l'instance arbitrale reconnue valable par la Cour.

b) Recours en révision

« La sentence arbitrale peut faire l'objet d'un recours en révision, déposé au secrétaire général qui le transmet au tribunal arbitral en raison de la découverte d'un fait de nature à exercer une influence décisive et qui, avant le prononcé de la sentence, était inconnu du tribunal arbitral ou de la partie qui demande la révision ».

Dans l'ancien Règlement, le recours en révision contre les sentences arbitrales relevait de la compétence de la CCJA. La réforme de 2017 attribue désormais la compétence au tribunal arbitral en cas de recours en révision ceci dans le souci de séparer les attributions arbitrales et juridictionnelles de la Cour.

Si le tribunal arbitral ne peut être à nouveau réuni, les parties doivent s'accorder sur la mise en place d'un nouveau tribunal.

A défaut d'accord des parties, le législateur OHADA a envisagé trois hypothèses :

« Lorsque le tribunal arbitral était constitué d'un arbitre unique et ne peut plus être réuni, la Cour nomme un arbitre unique afin de statuer sur le recours en révision ;

Lorsque le tribunal arbitral était constitué de trois arbitres et ne peut plus être réuni, la Cour nomme, après consultation des parties, soit un nouveau tribunal constitué de trois arbitres, soit un arbitre unique afin de statuer sur le recours en révision ;

Lorsque le tribunal arbitral était constitué de trois arbitres et qu'un ou plusieurs arbitres ne peuvent plus être réunis, la Cour nomme, après consultation des parties, des arbitres afin de compléter le tribunal qui statue sur le recours en révision ».

Les parties ne peuvent renoncer dans la convention d'arbitrage au recours en révision.

c) Tierce opposition

La tierce opposition contre les sentences arbitrales est portée devant la Cour.

La tierce opposition est un recours exercé par un tiers qui n'a pas été appelé, contre une sentence qui préjudicie à ses droits.

La procédure obéit aux règles fixées par l'article 47 du Règlement de procédure CCJA.

Le tiers doit indiquer dans sa demande les raisons pour lesquelles il n'a pas pu participer au litige principal et en quoi la sentence préjudicie à ses droits.

N'étant pas partie à la convention d'arbitrage, le tiers opposant ne peut saisir le tribunal arbitral. Seul l'organe juridictionnel qu'est la CCJA est compétent pour statuer sur sa demande.

Si aucun recours n'est exercé contre la sentence, celle-ci doit faire l'objet d'exécution.

II.2. Exécution de la sentence

Le caractère obligatoire de la sentence devait conduire à son exécution volontaire par les parties au litige.

a) Exécution volontaire

Aux termes de l'article 27.1 RACCJA : « Toute sentence arbitrale rendue conformément au présent Règlement revêt un caractère obligatoire pour les parties et a autorité de chose jugée sur le territoire de chaque Etat partie... ».

Le point 2 de l'article précité indique que « par la soumission de leur différend au présent règlement, les parties s'engagent à exécuter sans délai la sentence ... »

Le caractère obligatoire de la sentence revêtue de l'autorité définitive de la chose jugée conduirait à l'exécution volontaire et immédiate de celle-ci par les parties sur le territoire de chaque Etat-partie.

Cependant, les sentences rendues ne sont pas volontairement exécutées nonobstant la volonté des parties à régler leur litige par un tribunal constitué par les arbitres choisis par elles-mêmes. La partie diligente se trouve dans l'obligation de procéder à une exécution forcée au terme d'une procédure d'exequatur.

b) Exequatur communautaire

La procédure s'exerce auprès du Président de la Cour à qui le demandeur adresse une requête aux fins d'exéquatur d'une sentence arbitrale avec copie au secrétaire général qui transmet immédiatement à la Cour une copie de la sentence arbitrale et de la convention d'arbitrage

Le Président de la Cour ou le juge délégué à cet effet se prononce, par voie d'ordonnance, sur la procédure d'exéquatur dans un délai de 15 jours pour les sentences définitives et 3 jours pour des sentences relatives à des mesures provisoires ou conservatoires.

L'exéquatur permet de solliciter des mesures d'exécution forcée de la sentence dans tous les territoires des Etats parties OHADA : c'est ce qui est communément appelé exéquatur communautaire.

Le secrétaire général délivre à la partie qui en fait la demande une copie de la sentence certifiée conforme à l'original sur laquelle figure une attestation d'exéquatur.

Dans un souci d'efficacité et de célérité, l'ordonnance qui accorde l'exéquatur n'est susceptible d'aucun recours contrairement à l'ancien texte du Règlement qui prévoyait un recours en opposition.

Le président peut cependant refuser l'exéquatur dans les hypothèses suivantes :

- Si le tribunal arbitral a statué sans convention d'arbitrage ou sur une convention nulle ou expirée
- Si le tribunal arbitral a statué sans se conformer à la mission qui lui avait été confiée
- Si le principe de la procédure contradictoire n'a pas été respecté
- Si la sentence est contraire à l'ordre public international

En cas de refus de l'exéquatur, le requérant peut former un recours devant la CCJA dans les 15 jours de la notification de la décision de rejet de sa requête.

La requérante notifie le recours à la partie adverse rendant ainsi contradictoire la procédure.

A la suite de la décision accordant l'exéquatur, la formule exécutoire doit être apposée sur la sentence.

c) Formule exécutoire

Après obtention de l'ordonnance d'exéquatur, la partie qui entend poursuive l'exécution forcée de la sentence doit obtenir, auprès de l'Etat où doit être exécutée la sentence, l'apposition de la formule exécutoire sur la copie certifiée conforme à l'original de la sentence sur laquelle figure l'attestation d'exéquatur.

La formule exécutoire apposée sur la sentence est celle en vigueur dans chaque Etat partie qui désigne l'autorité nationale compétente à cette fin. Cette autorité n'a aucun contrôle sur la décision sauf celui de l'authenticité de la copie conforme à la sentence revêtue de l'attestation du secrétaire général.

III- JURISPRUDENCE DE LA COUR

Saisie d'un recours en annulation, la Cour rend soit une décision d'irrecevabilité, soit une décision de rejet, soit une décision annulant la sentence.

Décisions sur l'irrecevabilité du recours

Le délai d'exercer le recours et la non renonciation à l'arbitrage sont les deux cas d'irrecevabilité du recours.

Délai d'exercer le recours :

Arrêt n°031 /2009 du 30 avril 2009 ; affaire KENDREBEOGO contre Banque internationale du Mali,

La CCJA a déclaré irrecevable le recours introduit par KENDREBEOGO ;

(Recours déposé hors délai malgré le bénéfice du délai de distance).

Non renonciation au recours

CCJA Arrêt n°12/2011 du 29 novembre 2011 ; affaire, République de Guinée Equatoriale contre Commercial Bank Guinea equatorial (la renonciation à toutes voies de recours a été faite par une disposition expresse de la convention d'arbitrage en l'article 13 de la convention d'établissement : recours irrecevable.

Renonciation au recours en annulation

CCJA 15 octobre 2015 , arrêt n°102 /2015 M. Léopold Ekwa Ngalle, Mme Hélène Njanjo Ngalle, SA Len Holding, société international Business Corporation contre société nationale hydrocarbures(mais attendu qu'il ne résulte pas des termes de l'article 45 des statuts que les parties aient renoncé expressément à tout recours en contestation de validité ; qu'en effet, le seul usage du vocable « en dernier ressort » n'est pas suffisant pour traduire une renonciation expresse audit recours ; il échet de déclarer ledit recours irrecevable).

Décisions de rejet du recours

Absence de convention d'arbitrage, convention nulle ou expirée

CCJA 15 octobre 2015 n°103 /2015 société Benin control SA contre Etat du Benin.

L'Etat du Bénin conteste la validité de la sentence estimant que la clause contenue dans l'article 49 du contrat de marché du 9 février 2011, renvoyant aux dispositions du Traité OHADA est vague et imprécise et ne peut permettre d'affirmer que la commune volonté des parties est de retenir l'arbitrage CCJA.

Mais attendu qu'il est constant que toute clause renvoyant à l'arbitrage conformément au Traité de l'OHADA, renvoie à l'arbitrage institutionnel sous l'égide de la CCJA. Qu'en effet, le titre IV du Traité intitulé « arbitrage » auquel sont dédiés les articles 21 à 25, ne réglemente que l'arbitrage institutionnel de la CCJA, les arbitrages ad'hoc et les autres arbitrages institutionnels étant régis par l'AU relatif à l'arbitrage ; qu'ainsi, il y a lieu de rejeter comme non fondé ce grief formulé à tort contre la sentence entreprise.

CCJA, 11 mai 2017 n° 111/2017, national financial crédit bank SA contre Cheick Ibra Fall N'Diaye

Non-Respect par l'arbitre de sa mission - Calendrier prévisionnel – extinction de l'instance arbitrale

CCJA 15 octobre 2015 n°102 /2015 M.Léopold Ekwa Ngalle, Mme Hélène Njanjo Ngalle, SA Len Holding, société international Business Corporation contre société nationale hydrocarbures.

«… que s'agissant de la branche du moyen fondé sur la violation de l'article 15.4 du Règlement d'arbitrage , il y a lieu de relever que la violation dudit article n'est pas assortie de nullité et qu'il est de jurisprudence que le déroulement du calendrier a un caractère susceptible de modification ; que dès lors, la modification d'un tel calendrier fait conformément à l'article 15.4 du Règlement précité ne saurait être valablement considéré comme une violation par le tribunal des termes de sa mission ; qu'en outre, le fait pour le tribunal arbitral de se prononcer sur une demande de condamnation au titre de dommages intérêts et en ventilant le montant de ladite condamnation ne constitue pas une violation de sa mission ; qu'il s'en suit que ce moyen ne peut être accueilli ».

CCJA, 2 mars 2017 n°027 /2017 Etat du Mali et société des télécommunications du Mali dite Sotelma ctre Seaquest - Infotel Mali

CCJA 14 juillet 2016 n°141/2016, Etat du Mali contre sté Africard

Décisions d'annulation de la sentence

CCJA 15 octobre 2015 n°104 /2015 Etat du Bénin représenté par l'agent judicaire du trésor contre SCP et Patrice TALON (société commune de participation) – annulation de la sentence

« Attendu en effet que s'il est constant qu'une juridiction arbitrale est compétente pour connaître des litiges engendrés par l'exercice par un Etat de ses prérogatives …ce pouvoir juridictionnel ne doit se limiter qu'à la question des réparations dues à une personne physique ou morale privée … sans avoir à juger de la validité des actes pris par l'Etat dans l'exercice de ses prérogatives ;

Qu'en l'espèce, la sentence arbitrale … au lieu de ne se limiter qu'aux condamnations pécuniaires, a déclaré que « le décret n° 2013-485 est de nul effet sur la convention de création de la SODECO en date du 10 octobre 2008 et par conséquent, décide que ladite convention n'est pas suspendue du fait de ce décret ; que ce faisant, cette sentence a contrarié l'ordre public international ».

Evocation après annulation de la sentence

CCJA, arrêt n°028/2007 du 19 juillet 2007 ; affaire société Nestlé SAHEL contre société commerciale d'Importation AZAR et SALAME :

« attendu qu'aux termes de l'article 29.5 alinéa 2 sus énoncé du Règlement d'arbitrage susvisé que l'évocation doit résulter de la volonté commune clairement exprimée des parties ; qu'en l'espèce, en raison de l'opposition marquée de la SCIMAS qui se fonde à juste titre , à cet égard , sur les stipulations du contrat de distribution précité la liant à la Société NESTLE Sahel, lequel n'a pas prévu l'évocation , il convient de conclure que les conditions d'application dudit article ne sont pas réunies ; qu'il y a lieu en conséquence de rejeter la demande d'évocation de la Société NESTLE SAHEL .

Respect de l'étape préalable de l'arbitrage

CCJA 15 octobre 2015 n°103 /2015 société Benin control SA contre Etat du Benin

CCJA 15 octobre 2015 n°104 /2015 représenté par l'agent judicaire du trésor contre société commune de participation.

CONCLUSION

L'arbitrage connaît de plus en plus de succès dans le monde des affaires. Aussi, le législateur OHADA, dans le Règlement d'arbitrage modifié de novembre 2017, a voulu hisser l'arbitrage CCJA aux standards internationaux faisant de celui-ci un arbitrage unique en son genre. Longtemps critiqué sur la confusion du rôle des juges intervenant à la fois dans la phase administrative de l'arbitrage que juridictionnelle, le Règlement modifié a mis en évidence les principes d'indépendance de la CCJA, centre d'arbitrage et CCJA, organe juridictionnel en matière d'arbitrage CCJA. Le nouveau Règlement a aussi aménagé les délais de procédure qui permettent que la procédure soit menée dans un délai court. L'exéquatur communautaire accordé par le président de la Cour et valable dans l'espace OHADA facilitant l'exécution des sentences arbitrales CCJA dans les 17 pays OHADA est un avantage que présente l'arbitrage CCJA ainsi que la liberté reconnue aux parties de choisir leurs arbitres en fonction de la spécificité du litige, le droit applicable, la langue, le siège de l'arbitrage.

TABLE DES MATIERES

Structures éditoriales du groupe L'Harmattan

L'Harmattan Italie
Via degli Artisti, 15
10124 Torino
harmattan.italia@gmail.com

L'Harmattan Hongrie
Kossuth l. u. 14-16.
1053 Budapest
harmattan@harmattan.hu

L'Harmattan Sénégal
10 VDN en face Mermoz
BP 45034 Dakar-Fann
senharmattan@gmail.com

L'Harmattan Cameroun
TSINGA/FECAFOOT
BP 11486 Yaoundé
inkoukam@gmail.com

L'Harmattan Burkina Faso
Achille Somé – tengnule@hotmail.fr

L'Harmattan Guinée
Almamya, rue KA 028 OKB Agency
BP 3470 Conakry
harmattanguinee@yahoo.fr

L'Harmattan RDC
185, avenue Nyangwe
Commune de Lingwala – Kinshasa
matangilamusadila@yahoo.fr

L'Harmattan Congo
67, boulevard Denis-Sassou-N'Guesso
BP 2874 Brazzaville
harmattan.congo@yahoo.fr

L'Harmattan Mali
Sirakoro-Meguetana V31
Bamako
syllaka@yahoo.fr

L'Harmattan Togo
Djidjole – Lomé
Maison Amela
face EPP BATOME
ddamela@aol.com

L'Harmattan Côte d'Ivoire
Résidence Karl – Cité des Arts
Abidjan-Cocody
03 BP 1588 Abidjan
espace_harmattan.ci@hotmail.fr

L'Harmattan Algérie
22, rue Moulay-Mohamed
31000 Oran
info2@harmattan-algerie.com

L'Harmattan Maroc
5, rue Ferrane-Kouicha, Talaâ-Elkbira
Chrableyine, Fès-Médine
30000 Fès
harmattan.maroc@gmail.com

Nos librairies en France

Librairie internationale
16, rue des Écoles – 75005 Paris
librairie.internationale@harmattan.fr
01 40 46 79 11
www.librairieharmattan.com

Librairie l'Espace Harmattan
21 bis, rue des Écoles – 75005 paris
librairie.espace@harmattan.fr
01 43 29 49 42

Lib. sciences humaines & histoire
21, rue des Écoles – 75005 paris
librairie.sh@harmattan.fr
01 46 34 13 71
www.librairieharmattansh.com

Lib. Méditerranée & Moyen-Orient
7, rue des Carmes – 75005 Paris
librairie.mediterranee@harmattan.fr
01 43 29 71 15

Librairie Le Lucernaire
53, rue Notre-Dame-des-Champs – 75006 Paris
librairie@lucernaire.fr
01 42 22 67 13

www.ingramcontent.com/pod-product-compliance
Lightning Source LLC
LaVergne TN
LVHW010945061026
849535LV00007B/2578